Anna Rehfeldt

IT-Sicherheit und Datenschutz im Planungsbüro

IMPRESSUM

Bibliografische Information der Deutschen Nationalbibliothek
Die Deutsche Nationalbibliothek verzeichnet diese Publikation
in der Deutschen Nationalbibliografie; detaillierte bibliografische
Daten sind im Internet über http://dnb.d-nb.de abrufbar.

© 2024 by WEKA Media GmbH & Co. KG
Alle Rechte vorbehalten. Nachdruck und Vervielfältigung
– auch auszugsweise – nicht gestattet.

Wichtiger Hinweis
Die WEKA Media GmbH & Co. KG ist bemüht, ihre Produkte jeweils nach
neuesten Erkenntnissen zu erstellen. Deren Richtigkeit sowie inhaltliche und
technische Fehlerfreiheit werden ausdrücklich nicht zugesichert. Die WEKA Media
GmbH & Co. KG gibt auch keine Zusicherung für die Anwendbarkeit
bzw. Verwendbarkeit ihrer Produkte zu einem bestimmten Zweck. Die
Auswahl der Ware, deren Einsatz und Nutzung fallen ausschließlich in den
Verantwortungsbereich des Kunden.

WEKA Media GmbH & Co. KG
Sitz in Kissing
Registergericht Augsburg
HRA 13940

Persönlich haftende Gesellschafterin:
WEKA Media Beteiligungs-GmbH
Sitz in Kissing
Registergericht Augsburg
HRB 23695
Vertretungsberechtigte Geschäftsführer:
Jochen Hortschansky, Kurt Skupin

WEKA Media GmbH & Co. KG
Römerstraße 4, 86438 Kissing
Fon 0 82 33.23-40 00
Fax 0 82 33.23-74 00
service@weka.de
www.weka.de

Umschlag geschützt als Geschmacksmuster der
WEKA Media GmbH & Co. KG
Umschlagfoto: © metamorworks/iStock/Getty Images Plus
Satz: WEKA Media GmbH & Co. KG, Römerstraße 4, 86438 Kissing
Druck: Plump Druck & Medien GmbH, Rolandsecker Weg 33, 53619 Rheinbreitbach
Printed in Germany

ISBN 978-3-8111-1888-1

Inhalt

	Die Autorin	5
I	Vorwort der Autorin und thematische Einführung	7
II	Sanktionen bei Verstößen	11
III	Exkurs: E-Privacy-Verordnung der EU	15
	Was heißt das für die Praxis von Architekten/Ingenieuren?	17
IV	Rechtliche Grundlagen	19

    1. Was sind personenbezogene Daten? 20
    2. Was heißt Datenverarbeitung und wer ist Verantwortlicher? 24
    3. Wann darf ich Daten verarbeiten? 25

V	Beschäftigtendatenschutz, § 26 BDSG	35
	Exkurs: Verpflichtungserklärung von Beschäftigten auf Vertraulichkeit.	37
VI	Welche Pflichten müssen Architekten/Ingenieure nach den Vorgaben der DSGVO erfüllen?	39

    1. Datenschutzmanagementsystem 40
    2. Meldepflicht bei Datenpannen, Art. 33 DSGVO 41
    3. Datenschutz-Folgenabschätzung, Art. 35 DSGVO 44
    4. Informationspflichten bei Datenerhebung und deren praktische Umsetzung, Art. 13 und 14 DSGVO 45
    5. Auskunftspflichten vs. Auskunftsrechte 52
    6. Weitere Rechte des Betroffenen 55
    7. Dokumentation, Dokumentation, Dokumentation! 57
    8. Der betriebliche Datenschutzbeauftragte: Pflicht oder Kür? 66
    9. Auftrags(daten)verarbeitung 71

VII IT-Sicherheit und Datenschutzorganisation in Planungsbüros (TOM) **75**

1. Die „acht Gebote" 76
2. Datenschutz durch Technik, Art. 25 DSGVO 77
3. Sicherheit der Datenverarbeitung, Art. 32 DSGVO 77

VIII Musterbriefe und Vorlagen: Ihre Zusatzmaterialien **79**

Musterbriefe und Checklisten für Ihre tägliche Praxis 80

Die Autorin

Anna Rehfeldt

Anna Rehfeldt, LL. M, ist Rechtsanwältin und externe Datenschutzbeauftragte mit Sitz in Berlin. Sie ist seit 2014 als Rechtsanwältin zugelassen und berät in ihrer eigenen Kanzlei Unternehmen und Betriebe. Ihr Schwerpunkt liegt im Unternehmens- und Vertragsrecht, wozu neben Werkverträgen und privatem Bau(vertrags)recht auch AGB/VOB/B-Recht sowie Arbeits-, Werbe- und Datenschutzrecht gehören. Als externe Datenschutzbeauftragte unterstützt Anna Rehfeldt Unternehmen bei der Einhaltung der datenschutzrechtlichen Anforderungen. Sie ist zudem Autorin und veröffentlicht regelmäßig Fachbeiträge in unterschiedlichen Publikationen.

Rechtsanwältin und externe Datenschutzbeauftragte
Anna Rehfeldt, LL.M.
Pettenkoferstraße 14 b
10247 Berlin

Telefon 030 31179106
mobil 0172 5742012
www.ra-rehfeldt.de
mail@ra-rehfeldt.de

IT-Sicherheit und Datenschutz im Planungsbüro

I
Vorwort der Autorin und thematische Einführung

Am 25.05.2023 jährte sich die EU-Datenschutz-Grundverordnung (EU-DSGVO) zum fünften Mal. Denn am 25.05.2018 trat die DSGVO nach einer zweijährigen Übergangsphase in allen Staaten der Europäischen Union (EU) in Kraft.

Die DSGVO soll einen europaweit einheitlichen Datenschutz gewähren und den zuvor bestehenden Flickenteppich hinsichtlich der Datenschutzstandards vereinheitlichen. Aus diesem Grund wurde die DSGVO in Form einer „Verordnung" erlassen, sodass diese auch grundsätzlich in allen EU-Staaten gleichermaßen Geltung erlangt. Spoiler: Durch diverse sogenannte Öffnungsklauseln wurde das Ziel – ein einheitliches Datenschutzrecht innerhalb der EU zu schaffen – allerdings faktisch wieder aufgehoben. Denn aufgrund der Öffnungsklauseln können die einzelnen EU-Staaten in den so geöffneten Bereichen dann doch wieder eigene nationale Gesetze und Regelungen erlassen, die eben nur in dem jeweiligen Mitgliedstaat gelten.

Beispiel: Im Bereich Arbeitnehmerdatenschutz existiert beispielsweise eine solche Öffnungsklausel, sodass nationale Staaten hier eigene nationale Gesetze erlassen können. Der deutsche Gesetzgeber hat hiervon etwa im Bundesdatenschutzgesetz (BDSG) Gebrauch gemacht. In diesem Bereich sind in der Praxis also primär die Bestimmungen des BDSG und nicht die der DSGVO heranzuziehen.

Ein für die Praxis weiterer wichtiger Punkt ist die Frage, wie und wonach Architekten/Ingenieure ihren Onlineauftritt datenschutzrechtlich ausrichten müssen. Denn in diesem Bereich treffen unterschiedliche Bestimmungen aufeinander, die es einzuhalten gilt (Stichworte: Cookie-Banner, Datenschutzerklärung etc.).

Die anfänglichen Unsicherheiten, sowohl hinsichtlich Fragen betreffend die DSGVO als auch z.B. bezüglich des Arbeitnehmerdatenschutzrechts und der Cookies, sind bis dato zwar noch längst nicht geklärt. Stück für Stück wurde jedoch durch die Gesetz- und Verordnungsgeber, durch die Rechtsprechung und auch durch die Praxis in den vergangenen fünf Jahren etwas Licht ins Dunkel gebracht.

Was heißt das jetzt aber alles für Architekten/Ingenieure? Welche Vorgaben und Fallstricke gibt es in der Praxis zu beachten, wenn man sich des Themas **IT-Sicherheit und Datenschutz im Planungsbüro** praktisch annehmen will? Der vorliegende Leitfaden soll Architekten/Ingenieuren Informationen und Hilfestellungen an die Hand geben, damit sie praktisch arbeiten und die Basics umsetzen können.

Der Text erhebt keinen Anspruch auf Vollständigkeit und ersetzt keine Rechtsberatung im Einzelfall. Im Zweifel sollten sich Architekten/Ingenieure stets fachkundigen Rat einholen.

IT-Sicherheit und Datenschutz im Planungsbüro

II
Sanktionen bei Verstößen

Wie in jedem anderen Lebensbereich ist auch bei der Umsetzung der datenschutzrechtlichen Vorgaben die Frage nach dem „Warum" ein wesentlicher Grundbaustein, um in die Umsetzung zu kommen. Denn Architekten/Ingenieure haben mit ihrem Alltagsgeschäft genug zu tun, sodass jede Zusatzaufgabe, die unnötig Ressourcen in Anspruch nimmt, zu vermeiden ist. Die Beachtung der datenschutzrechtlichen Vorgaben sollte jedoch nicht zu den zu vermeidenden Aufgaben gehören.

Denn bei Missachtung von und Verstößen gegen die datenschutzrechtlichen Vorgaben sehen diese, anders als vor der Geltung der DSGVO, nunmehr erhebliche Sanktionen vor. Neben dem Reputationsschaden, den Architekten/Ingenieure bei Kunden bzw. in der öffentlichen Wahrnehmung erleiden können, können die mit der DSGVO eingeführten neuen und drastisch erhöhten Geldbußen Architekten/Ingenieuren erheblich schaden.

Der Bußgeldrahmen geht nach den Bestimmungen der DSGVO nunmehr bis hin zu 20 Millionen Euro oder 4 % des weltweiten Jahresumsatzes, je nachdem, was höher ist. Die Höhe des Bußgelds wird von den zuständigen Aufsichtsbehörden im jeweiligen Einzelfall verhängt und hängt u.a. maßgeblich von Art und Umfang des Verstoßes ab.

Neben den drastischen Bußgeldern können folgende Sanktionen auf Architekten/Ingenieure zukommen, sollten sie die datenschutzrechtlichen Vorgaben missachten oder gegen diese verstoßen:

- Die zuständigen Aufsichtsbehörden können grundsätzlich (unangekündigte) Prüfungen durchführen und hierbei auch den Zugang zu den Geschäftsräumen einschließlich aller Datenverarbeitungsanlagen/-geräte fordern.
- Die zuständigen Aufsichtsbehörden sind gemäß den Bestimmungen der DSGVO u.a. auch dazu berechtigt, vom datenschutzrechtlich Verantwortlichen (z.B. dem Inhaber des Planungsbüros) die Zurverfügungstellung aller Angaben und Informationen zu verlangen, die die Aufsichtsbehörde für die Erfüllung ihrer Aufgaben (Überwachung und Durchsetzung der DSGVO) benötigt.
- Die zuständigen Aufsichtsbehörden sind gemäß Art. 58 DSGVO dazu berechtigt, all diejenigen Abhilfemaßnahmen vorzunehmen, durch die sie einen Verantwortlichen oder Auftragsverarbeiter warnen können, dass ein beabsichtigter Verarbeitungsvorgang aller Wahrscheinlichkeit nach gegen die DSGVO verstoßen wird.
- Die zuständigen Aufsichtsbehörden dürfen im Einzelfall nach ihrem Ermessen einen Verantwortlichen oder Auftragsverarbeiter auch verwarnen, wenn er gegen die DSGVO verstoßen hat (Merke: Ein Bußgeld ist bei Verstößen nicht zwingend!).

Sanktionen bei Verstößen

- Die zuständigen Aufsichtsbehörden dürfen den Verantwortlichen oder den Auftragsverarbeiter dahin gehend anweisen, dass Verarbeitungsvorgänge auf bestimmte Weise und innerhalb eines gewissen Zeitraums in Übereinstimmung mit der DSGVO gebracht werden müssen. Die Aufsichtsbehörden sind im Anschluss berechtigt, dies auch zu kontrollieren.
- Die Aufsichtsbehörden sind im Einzelfall zudem dazu berechtigt, zusätzlich oder anstelle der benannten Maßnahmen Geldbußen gemäß Art. 83 DSGVO zu verhängen.

Steht die Verhängung einer Geldbuße im Raum, so sind gemäß Art. 83 Abs. 1 und 2 DSGVO bei der Entscheidung über das Ob und die Höhe der Geldbuße in jedem Einzelfall u.a. folgende Umstände ausreichend einzubeziehen:

1. Zunächst hat jede Aufsichtsbehörde sicherzustellen, dass die Verhängung von Geldbußen für Verstöße gegen die DSGVO in jedem Einzelfall wirksam, verhältnismäßig und abschreckend ist.
2. Geldbußen werden je nach den Umständen des Einzelfalls zusätzlich zu oder anstelle von anderen Maßnahmen nach Art. 58 DSGVO verhängt. Bei der Entscheidung über die Verhängung einer Geldbuße und über deren Betrag wird in jedem Einzelfall Folgendes gebührend berücksichtigt:
   a) Art, Schwere und Dauer des Verstoßes unter Berücksichtigung der Art, des Umfangs oder des Zwecks der betreffenden Verarbeitung sowie der Zahl der von der Verarbeitung betroffenen Personen und des Ausmaßes des von ihnen erlittenen Schadens
   b) Vorsätzlichkeit oder Fahrlässigkeit des Verstoßes
   c) jegliche von dem Verantwortlichen oder dem Auftragsverarbeiter getroffenen Maßnahmen zur Minderung des den betroffenen Personen entstandenen Schadens
   d) Grad der Verantwortung des Verantwortlichen oder des Auftragsverarbeiters unter Berücksichtigung der von ihnen gemäß Art. 25 und 32 DSGVO getroffenen technischen und organisatorischen Maßnahmen
   e) etwaige einschlägige frühere Verstöße des Verantwortlichen oder des Auftragsverarbeiters
   f) Umfang der Zusammenarbeit mit der Aufsichtsbehörde, um dem Verstoß abzuhelfen und seine möglichen nachteiligen Auswirkungen zu mindern
   g) Kategorien personenbezogener Daten, die von dem Verstoß betroffen sind
   h) Art und Weise, wie der Verstoß der Aufsichtsbehörde bekannt wurde, insbesondere ob und ggf. in welchem Umfang der Verantwortliche oder der Auftragsverarbeiter den Verstoß mitgeteilt hat

i) Einhaltung etwaig früher gegen den Verantwortlichen oder Auftragsverarbeiter in Bezug auf denselben Gegenstand angeordnete Maßnahmen, wenn solche Maßnahmen angeordnet wurden
j) Einhaltung von genehmigten Verhaltensregeln oder genehmigten Zertifizierungsverfahren
k) jegliche anderen erschwerenden oder mildernden Umstände im jeweiligen Fall, wie unmittelbar oder mittelbar durch den Verstoß erlangte finanzielle Vorteile oder vermiedene Verluste

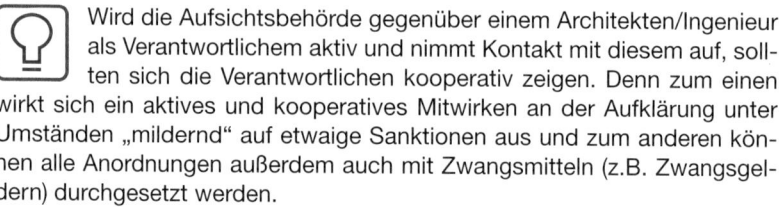

Wird die Aufsichtsbehörde gegenüber einem Architekten/Ingenieur als Verantwortlichem aktiv und nimmt Kontakt mit diesem auf, sollten sich die Verantwortlichen kooperativ zeigen. Denn zum einen wirkt sich ein aktives und kooperatives Mitwirken an der Aufklärung unter Umständen „mildernd" auf etwaige Sanktionen aus und zum anderen können alle Anordnungen außerdem auch mit Zwangsmitteln (z.B. Zwangsgeldern) durchgesetzt werden.

Haben Architekten/Ingenieure Zweifel an der Rechtmäßigkeit der jeweiligen Maßnahme der zuständigen Aufsichtsbehörde, ist der Rechtsschutz, wie auch nach alter Rechtslage, im verwaltungsgerichtlichen Verfahren gewahrt.

Zusammengefasst heißt das, dass durch die DSGVO seit 2018 in allen Staaten der EU grundsätzlich die gleichen Datenschutzstandards gelten. Allerdings enthält die DSGVO zahlreiche sogenannte Öffnungsklauseln, die die Vereinheitlichung erheblich erschweren. Durch diese Klauseln wird es den nationalen Gesetzgebern ermöglicht, für bestimmte Bereiche die Vorgaben der DSGVO zu konkretisieren und zu ergänzen. Von dieser Möglichkeit hat der deutsche Gesetzgeber umfassend Gebrauch gemacht (z.B. im Bereich Arbeitnehmerdatenschutzrecht), sodass die neuen Datenschutzregelungen insgesamt sehr umfangreich und komplex sind.

III
Exkurs:
E-Privacy-
Verordnung
der EU

III IT-Sicherheit und Datenschutz im Planungsbüro

Im Bereich der elektronischen Kommunikation (z.B. Homepage, E-Mail) hat sich der europäische Gesetzgeber entschlossen, die „Datenschutzrichtlinie für elektronische Kommunikation" (sogenannte E-Privacy-Richtlinie) durch eine E-Privacy-Verordnung zu ersetzen. Die E-Privacy-Verordnung soll für diese Bereiche dann als Spezialregelung der DSGVO vorgehen.

Im Kern regelt die E-Privacy-Verordnung

1. die Vertraulichkeit der Kommunikation (sogenanntes Fernmeldegeheimnis),
2. die Verarbeitung von Kommunikationsdaten (sogenannte Verkehrsdaten) und
3. das Speichern sowie das Auslesen von Informationen auf Endeinrichtungen (z.B. Cookies).

Zudem soll die E-Privacy-Verordnung die Privatsphäre im Zusammenhang mit der Anzeige von Rufnummern und Endnutzerverzeichnissen, die Direktwerbung mittels elektronischer Kommunikation und die Aufsicht regeln.

Das Rechtssetzungsverfahren der EU dauert aber nach wie vor an (Stand: 09/2023). Nachdem der deutsche Gesetzgeber mit der Novelle des Telekommunikationsgesetzes (TKG) und dem Telekommunikation-Telemedien-Datenschutz-Gesetz (TTDSG) zum 01.12.2021 zuletzt noch die europäischen Vorgaben aus der E-Privacy-Richtlinie in deutsches Recht umgesetzt hatte, soll in Zukunft die E-Privacy-Verordnung unmittelbar in den Mitgliedstaaten gelten.

Die E-Privacy-Verordnung zielt darauf ab, dass sich die Bestimmungen zur elektronischen Kommunikation an diejenigen aus der DSGVO annähern, ohne dabei aber über die Regelungen der DSGVO hinauszugehen.

Eines der großen Ziele der E-Privacy-Verordnung ist die Erweiterung der datenschutzrechtlichen Bestimmungen auf sogenannte Over-the-Top-(OTT-)Kommunikationsdienste. Hierunter fallen beispielsweise Voice-over-IP-(VoIP-)Dienste wie etwa Whatsapp oder Skype, die funktionell den „klassischen" Telefon- und SMS-Diensten entsprechen.

Die E-Privacy-Verordnung soll außerdem das Setzen und Verwenden von Cookies auf Webseiten und das Tracking von Nutzern genauer regeln.

Ursprünglich war vorgesehen, dass die E-Privacy-Verordnung zeitgleich mit der DSGVO am 25.05.2018 in Kraft treten sollte. Die Europäische Kommission hatte dafür dann auch bereits am 10.01.2017 einen Entwurf der E-Privacy-Verordnung vorgelegt. Die Verhandlungen im Rat der EU kamen aber seit Mitte Januar 2017 lange nicht wirklich voran. Und auch unter deutscher Ratspräsidentschaft konnte im zweiten Halbjahr 2020 keine Einigung erzielt werden.

Am 10.02.2021 haben sich die Vertreter der Mitgliedstaaten im Rat dann jedoch, nach nunmehr über vierjähriger Verhandlungsphase, auf eine gemeinsame Position geeinigt.

Hierdurch ist der EU-Gesetzgeber einen großen Schritt in Richtung Verabschiedung der E-Privacy-Verordnung vorangekommen. Denn mit einer gemeinsamen Position des Rats können nun die sogenannten Trilogverhandlungen zwischen dem Europäischen Parlament, dem Rat der EU und der Europäischen Kommission endlich beginnen.

Nichtsdestotrotz muss auch berücksichtigt werden, dass die Positionen von Rat und Parlament sehr weit auseinanderliegen, sodass im Jahr 2021 nur sehr kleine Fortschritte bezüglich Detailregelungen erzielt wurden.

Mit einer endgültigen Einigung zu den wichtigsten Vorschriften und mit einer Verabschiedung ist deshalb nicht vor Ende 2023 zu rechnen. Nach Inkrafttreten der Verordnung ist dann derzeit noch eine 24-monatige Übergangsphase vorgesehen, bevor die Verordnung gelten kann.

Was heißt das für die Praxis von Architekten/Ingenieuren?

Das Gesetzgebungsverfahren zur E-Privacy-Verordnung dauert aktuell noch an. Bis zum Inkrafttreten müssen nach derzeitigem Kenntnisstand die DSGVO sowie die einschlägigen datenschutzrechtlichen Bestimmungen im Onlinebereich angewendet werden. Architekten/Ingenieure sollten sowohl die Datenschutzerklärung als auch Cookies etc. entsprechend den maßgeblichen Bestimmungen anpassen und deklarieren. Im Zweifel sollten sich Architekten/Ingenieure, insbesondere auch im Hinblick auf die oben aufgeführten Sanktionen und den möglichen Reputationsschaden, stets rechtskundigen Rat einholen.

Trotz der Verzögerungen und bislang ungewissen Geltung der E-Privacy-Verordnung sollten Architekten und Ingenieure bereits jetzt einige Vorkehrungen treffen. Denn die Geltung kann schneller kommen als gedacht.

III IT-Sicherheit und Datenschutz im Planungsbüro

IV
Rechtliche Grundlagen

Die Grundvoraussetzung für die Anwendung der DSGVO ist, dass personenbezogene Daten verarbeitet werden. Ist dies nicht der Fall, sind auch die Bestimmungen der DSGVO nicht zu beachten. Was heißt das genau? Was sind personenbezogene Daten und was nicht? Wann können Architekten/Ingenieure die DSGVO außen vor lassen?

1. Was sind personenbezogene Daten?

Der Begriff der „personenbezogenen Daten" wird in Art. 4 Nr. 1 DSGVO vom Gesetzgeber legaldefiniert als

„Informationen, die sich auf eine identifizierte oder identifizierbare natürliche Person beziehen".

Vom Datenschutz nach der DSGVO werden also zunächst sämtliche Informationen und Angaben erfasst, die sich unmittelbar oder mittelbar auf eine natürliche Person, d.h. auf einen Menschen beziehen. Diese Definition ist in der Praxis äußerst weit auszulegen. Personenbezogene Daten bzw. Einzelangaben mit Personenbezug sind beispielsweise:

- Name und sonstige Identifikationsmerkmale (z.B. Geburtsdatum, Namenszusätze, Ausweisnummer)
- Kontaktdaten (z.B. Postanschrift, E-Mail-Adresse, Telefonnummer)
- körperliche/physische Merkmale (z.B. Größe, Gewicht, Haarfarbe, genetischer Fingerabdruck, Krankheiten, Drogenkonsum)
- geistige Zustände/psychische Merkmale (z.B. Wünsche, Einstellungen, Überzeugungen, Geschäftsfähigkeit)
- Verbindungen und Beziehungen (z.B. Verwandtschafts- und Freundschaftsverbindungen, Arbeitgeber)
- sonstige Informationen, die auf eine natürliche Person Rückschlüsse zulassen (z.B. Standortdaten, Nutzungsdaten, Handlungen, Äußerungen, Werturteile, beruflicher Werdegang, Bankverbindungen)

1.1 Natürliche Person – juristische Person

Ein wesentliches Abgrenzungsmerkmal ist der Personenbezug der jeweiligen Daten. Personenbezogen sind Daten nur dann, wenn sie sich auf eine „natürliche Person" im Rechtssinn beziehen. Das heißt, es wird jeder lebende Mensch unabhängig vom Alter und der Nationalität und auch unabhängig von der Geschäftsfähigkeit von der DSGVO erfasst.

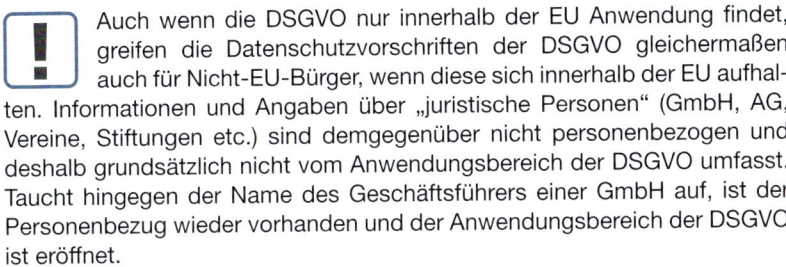

Auch wenn die DSGVO nur innerhalb der EU Anwendung findet, greifen die Datenschutzvorschriften der DSGVO gleichermaßen auch für Nicht-EU-Bürger, wenn diese sich innerhalb der EU aufhalten. Informationen und Angaben über „juristische Personen" (GmbH, AG, Vereine, Stiftungen etc.) sind demgegenüber nicht personenbezogen und deshalb grundsätzlich nicht vom Anwendungsbereich der DSGVO umfasst. Taucht hingegen der Name des Geschäftsführers einer GmbH auf, ist der Personenbezug wieder vorhanden und der Anwendungsbereich der DSGVO ist eröffnet.

1.2 Bestimmte oder bestimmbare Personen

Darüber hinaus weisen Informationen bzw. Daten nur dann einen Personenbezug auf, wenn sie sich auf eine identifizierte (bestimmte) oder identifizierbare (bestimmbare) natürliche Person beziehen.

Eine Person ist identifiziert bzw. bestimmt, wenn die entsprechenden Informationen direkt mit der betroffenen Person verknüpft sind oder wenn sich ein solcher Bezug unmittelbar herstellen lässt.

Beispiele für eine bestimmte/identifizierte Person:
- „Herr Müller ist im Planungsbüro ABC beschäftigt."
- „Die Inhaberin des Planungsbüros DEF hat am 04.05. Geburtstag."
- „Frau Schulz arbeitet in dem Bereich XYZ im Planungsbüro seit dem 07.01."

Für den Anwendungsbereich der DSGVO reicht es aber auch aus, wenn ein Personenbezug lediglich mittelbar hergestellt werden kann, d.h., wenn die betroffene Person erst mithilfe von Zusatzwissen bestimmt werden kann.

Beispiel für eine bestimmbare/identifizierbare Person:
- „Der Arbeitnehmer (Personalnummer 1234) hat im letzten Quartal fünf Überstunden angesammelt."

In diesem Beispiel ist es zumindest für die Personalabteilung möglich, anhand der Personalnummer die gesamte Information einem bestimmten Arbeitnehmer (= natürliche Person) zuzuordnen. Im Ergebnis stellt die Personalnummer für alle (nicht nur für die Personalabteilung) ein personenbezogenes Datum dar und die Bestimmungen der DSGVO sind grundsätzlich zu beachten.

1.3 Beispiel: personenbezogene Daten im Planungsbüro

Zusammengefasst gilt die DSGVO nach den bisherigen Ausführungen also sowohl für selbstständige Architekten als auch für große und kleine Planungsbüros, wenn und soweit personenbezogene Daten verarbeitet werden. Als Beispiele können hier folgende personenbezogene Daten den Anwendungsbereich eröffnen:

1. personenbezogene Daten des Auftraggebers/Bauherrn
2. personenbezogene Daten der beauftragten Handwerker und Subunternehmer
3. personenbezogene Daten von Ingenieuren
4. personenbezogene Daten von Lieferanten, Herstellern und Co.
5. personenbezogene Daten der eigenen Mitarbeiter
6. ...

1.4 Exkurs: Zusatzwissen und bestimmbare Personen

Unter Juristen und Datenschützern ist die auch für die Praxis relevante Frage umstritten, ob man das Zusatzwissen zur Identifizierung einer Person selbst besitzen muss oder ob es ausreicht, wenn irgendein anderer dieses Zusatzwissen hat.

Der Europäische Gerichtshof (EuGH) stellte insoweit bereits 2016 klar: *„Ein Datum gilt als personenbezogen, wenn eine Stelle über rechtliche Mittel verfügt, die es [ihr] erlauben, die betreffende Person anhand der Zusatzinformationen [...] bestimmen zu lassen"* (EuGH, Urteil vom 19.10.2016, Rs. C-582/14, Rn 49).

Das konkretisierte der BGH und entschied, dass die „rechtlichen Mittel" auch dann vorliegen, wenn man Dritte einschalten kann und diese rechtlich gezwungen sind, Auskünfte zur Identität zu geben (BGH, Urteil vom 16.05.2017, VI ZR 135/13).

Übersetzt heißt dies, dass ein Personenbezug nur dann *nicht* vorliegt, wenn die Identifizierung der betreffenden Person praktisch nicht durchführbar oder gesetzlich verboten ist. Im Übrigen reicht es aus, wenn Dritte dieses Zusatzwissen besitzen und hierüber Auskunft erteilen können bzw. müssen. Architekten/Ingenieure müssen dieses Zusatzwissen also nicht selbst innehaben, um von einem personenbezogenen Datum und der Geltung der DSGVO ausgehen zu können.

Rechtliche Grundlagen IV

1.5 Beispiel: IP-Adressen

Zum besseren Verständnis soll die Frage nach dem Zusatzwissen anhand von IP-Adressen erläutert werden.

Der EuGH und der BGH haben entschieden, dass für Telekommunikationsanbieter die IP-Adresse, die er einem Internetnutzer (= Kunden) zuweist, ein personenbezogenes Datum darstellt. Denn der Telekommunikationsanbieter hat hier die tatsächliche Möglichkeit, eine Verbindung zwischen der IP-Adresse und dem Nutzernamen herzustellen (vergleichbar der Personalnummer, die die Personalabteilung einem bestimmten Arbeitnehmer zuordnen kann).

Für den Webseitenbetreiber (= Architekt/Ingenieur) hat dies wiederum zur Folge, dass die IP-Adresse der einzelnen Nutzer/Besucher seiner Webseite einen Personenbezug hat, weil er (der Architekt/Ingenieur) entweder eigenes Zusatzwissen nutzen kann (z.B. wenn ein Seitennutzer das Kontaktformular nutzt und dort personenbezogene Daten einträgt) oder weil er rechtliche Möglichkeiten besitzt, die Angabe beim Telekommunikationsanbieter nachzufragen.

Letzteres ist laut BGH grundsätzlich immer der Fall, weil der Architekt/Ingenieur sich beispielsweise bei Cyberattacken an die zuständige Behörde wenden kann. Er besitzt deshalb immer die rechtliche Möglichkeit, den Nutzer identifizieren zu lassen. Aus diesem Grund stellt die IP-Adresse für einen Webseitenbetreiber ein personenbezogenes Datum dar und der Webseitenbetreiber muss mithin die einschlägigen Datenschutzvorgaben beachten.

1.6 Anonymisierte und pseudonymisierte Daten

Bei anonymisierten Daten, d.h. Daten, die keiner Person zugeordnet sind und auch nicht mithilfe von Zusatzwissen zugeordnet werden können, handelt es sich *nicht* um personenbezogene Daten, weil die Bezugsperson weder identifiziert noch identifizierbar ist. Die datenschutzrechtlichen Bestimmungen müssen in diesen Fällen grundsätzlich nicht beachtet werden.

Bei pseudonymisierten Daten ist das anders. Die Verarbeitung von pseudonymisierten Daten erfolgt gemäß der Definition in Art. 4 Nr. 5 DSGVO *„in einer Weise, dass die personenbezogenen Daten ohne Hinzuziehung zusätzlicher Informationen nicht mehr einer spezifischen betroffenen Person zugeordnet werden können, sofern diese zusätzlichen Informationen gesondert aufbewahrt werden und technischen und organisatorischen Maßnahmen unterliegen, die gewährleisten, dass die personenbezogenen Daten nicht einer identifizierten oder identifizierbaren natürlichen Person zugewiesen werden".*

Mit dem entsprechenden Zusatzwissen ist es hier also möglich, die Bezugsperson zu bestimmen. Wenn man auf das erforderliche Zusatzwissen zugreifen kann, handelt es sich um ein personenbezogenes Datum und die DSGVO ist anzuwenden.

1.7 Besondere Kategorien von personenbezogenen Daten

Bei „besonderen Kategorien personenbezogener Daten" handelt es sich um einen Teilbereich der personenbezogenen Daten. Die „besonderen Kategorien personenbezogener Daten" unterliegen einem strengeren Schutz als „normale" personenbezogene Daten.

> Für die Praxis von Architekten/Ingenieuren ist zusammengefasst wichtig zu wissen, dass für die Anwendung der DSGVO stets ein (mittelbarer) Personenbezug vorliegen muss und dieser nur bei Informationen und Daten von natürlichen Personen vorliegen kann. Natürliche Personen lassen sich – unjuristisch – als Menschen aus Fleisch und Blut bestimmen. Daten von juristischen Personen (GmbH, AG usw.) sind hingegen grundsätzlich nicht erfasst.

Ausnahme: Bei einer sogenannten Ein-Mann-GmbH, also einer GmbH, bei der Gesellschafter und Geschäftsführer personenidentisch sind und aus nur einer einzigen natürlichen Person bestehen, gelten in der Regel auch die Daten dieser Ein-Mann-GmbH als Daten des Gesellschafters/Geschäftsführers. Da man in der Praxis einer GmbH nicht ohne Weiteres ansehen kann, ob es sich um eine Ein-Mann-GmbH handelt oder nicht, ist man rechtlich sicherer, wenn man davon ausgeht, dass sich hinter der GmbH eine Ein-Mann-GmbH verbirgt und der Personenbezug vorhanden ist. Das führt in der Praxis dazu, dass z.B. eine Kundendatei, in der nur Daten von GmbH enthalten sind, im Zweifel als personenbezogene Daten einzustufen und die datenschutzrechtlichen Vorgaben zu beachten sind.

2. Was heißt Datenverarbeitung und wer ist Verantwortlicher?

Der Begriff Datenverarbeitung bzw. Verarbeitung von personenbezogenen Daten umfasst gemäß Art. 4 Nr. 2 DSGVO *„jeden – mit oder ohne Hilfe automatisierter Verfahren – ausgeführten Vorgang oder jede solche Vorgangs-*

Rechtliche Grundlagen IV

reihe im Zusammenhang mit personenbezogenen Daten wie das Erheben, das Erfassen, die Organisation, das Ordnen, die Speicherung, die Anpassung oder Veränderung, das Auslesen, das Abfragen, die Verwendung, die Offenlegung durch Übermittlung, Verbreitung oder eine andere Form der Bereitstellung, den Abgleich oder die Verknüpfung, die Einschränkung, das Löschen oder die Vernichtung".

Eine unter die DSGVO fallende Datenverarbeitung umfasst demnach alle bisher bekannten Nutzungsformen wie die Erhebung, Speicherung, das Auslesen, die Nutzung, Offenlegung, Bereitstellung etc. von personenbezogenen Daten. Es wird einheitlich aber nur noch von einer „Verarbeitung von personenbezogenen Daten" gesprochen.

Als datenschutzrechtlicher Verantwortlicher im Sinne der DSGVO gilt nach Art. 4 Nr. 7 DSGVO „jede natürliche oder juristische Person, Behörde, Einrichtung oder andere Stelle, die allein oder gemeinsam mit anderen über die Zwecke und Mittel der Verarbeitung von personenbezogenen Daten entscheidet; sind die Zwecke und Mittel dieser Verarbeitung durch das Unionsrecht oder das Recht der Mitgliedstaaten vorgegeben, so kann der Verantwortliche beziehungsweise können die bestimmten Kriterien seiner Benennung nach dem Unionsrecht oder dem Recht der Mitgliedstaaten vorgesehen werden".

Verantwortlicher sein können also auch:
- Architekten/Ingenieure
- Betriebe
- Hersteller und Importeure
- Dienstleister
- Verbände
- Innungen
- etc.

3. Wann darf ich Daten verarbeiten?

Nachdem der Anwendungsbereich der DSGVO eröffnet ist, d.h. indem feststeht, dass personenbezogene Daten verarbeitet werden, stellt sich für die Praxis die Frage: Darf ich jetzt überhaupt noch personenbezogene Daten verarbeiten und falls ja, wie ist das rechtlich zulässig möglich?

Beispiele für Datenverarbeitungsvorgänge:
- (Neu-)Kundenanfrage für ein Angebot
- Kommunikation mit Bauherren, Ingenieuren, Handwerksbetrieben
- Materialbeschaffung
- Lohn- und Gehaltsabrechnung
- Neuanstellung
- Kündigung
- etc.

Ist der Anwendungsbereich der DSGVO eröffnet, heißt dies nicht automatisch, dass man keine Daten mehr verarbeiten darf. Im Gegenteil, die DSGVO regelt den datenschutzrechtlichen Rahmen FÜR die Datenverarbeitung. Das heißt, es dürfen also nach wie vor Daten verarbeitet werden. Anderenfalls wäre ein wirtschaftliches Handeln überhaupt nicht mehr möglich.

3.1 Allgemeine Datenschutzgrundsätze

Entsprechend den Vorgaben der DSGVO gelten im Rahmen der Datenverarbeitung gemäß Art. 5 Abs. 1 DSGVO jedoch folgende allgemeine Datenschutzgrundsätze, die für eine rechtmäßige Datenverarbeitung erfüllt sein müssen. Namentlich handelt es sich hierbei um folgende Grundsätze:

1. Grundsatz der Transparenz

Personenbezogene Daten müssen in einer für die betroffene Person nachvollziehbaren Weise verarbeitet werden.

2. Zweckbindung

Personenbezogene Daten dürfen nur für die vorab festgelegten und eindeutig bestimmten, rechtmäßigen Zwecke verarbeitet werden. Die Daten dürfen hingegen *nicht* in einer mit diesen Zwecken nicht zu vereinbarenden Art und Weise weiterverarbeitet werden.

Beispiel: Daten aus Kundenanfragen für ein konkretes Angebot dürfen nicht ohne Weiteres für Werbemails, Weihnachtsgrüße etc. genutzt werden.

Soll die Verarbeitung von personenbezogenen Daten für andere Zwecke als die, für die sie ursprünglich erhoben wurden (Zweckänderung), erfolgen, ist dies nur zulässig, wenn der neue Zweck mit dem ursprünglichen Zweck vereinbar ist, Art. 6 Abs. 4 DSGVO (Kompatibilitätstest). Die betroffene Person ist vor (!) der Weiterverarbeitung der personenbezogenen Daten zu anderen Zwecken zu informieren, Art. 13 Abs. 3 DSGVO i.V.m. § 32 BDSG.

In § 24 BDSG sind darüber hinaus zwei Fallkonstellationen aufgeführt, bei denen nichtöffentliche Stellen (z.b. Planungsbüros) eine Datenverarbeitung vornehmen dürfen, auch wenn diese mit dem ursprünglichen Zweck nicht vereinbar ist. Hierbei handelt es sich um

a) *„Zwecke der Gefahrenabwehr und der Verfolgung von Straftaten"* sowie
b) der *„Geltendmachung, Ausübung und Verteidigung zivilrechtlicher Ansprüche"*.

Wird der Zweck erreicht, besteht eine Lösch- bzw. Sperrpflicht der jeweiligen personenbezogenen Daten.

3. Grundsatz der Datenminimierung/Datensparsamkeit

Gemäß diesem Grundsatz müssen personenbezogene Daten ihrem Zweck nach angemessen und erheblich sowie auf das für die Zwecke der Verarbeitung notwendige Maß beschränkt sein. Das heißt, es dürfen so viele personenbezogene Daten wie nötig verarbeitet werden, nicht mehr und nicht weniger. Welcher Umfang sich hieraus konkret ergibt, hängt vom jeweiligen Einzelfall ab.

4. Grundsatz der Richtigkeit, Integrität und der zeitlich begrenzten Speicherung

Personenbezogene Daten müssen sachlich richtig und aktuell sein. Es sind alle angemessenen Maßnahmen zu treffen, damit personenbezogene Daten, die im Hinblick auf die Zwecke ihrer Verarbeitung unrichtig sind, unverzüglich gelöscht oder berichtigt werden.

5. Verbot mit Erlaubnisvorbehalt

Ein im Datenschutz besonders wichtiger Grundsatz ist das sogenannte Verbot mit Erlaubnisvorbehalt. Dieser auch schon vor der DSGVO geltende Grundsatz bleibt bestehen. Demnach ist es grundsätzlich verboten, personenbezogene Daten zu verarbeiten, es sei denn, es liegt eine entsprechende Erlaubnis vor.

Auf den ersten Blick scheint dieser Grundsatz der Verarbeitung von personenbezogenen Daten der Praxis zu widersprechen. Allerdings heißt dies positiv formuliert „nur", dass Architekten/Ingenieure Daten verarbeiten dürfen, wenn die betroffene Person eingewilligt hat oder eine andere Rechts- bzw. Legitimationsgrundlage erlaubt. Architekten/Ingenieure sollten mithin für ihre Datenverarbeitungsgrundlage immer zuerst prüfen (nach der Eröffnung des Anwendungsbereichs der DSGVO), ob für die Datenverarbeitung eine Legitimationsgrundlage existiert.

 Die Legitimationsgrundlage benötigen Architekten/Ingenieure auch für die Dokumentation im Verarbeitungsverzeichnis (siehe im Folgenden).

Der Grundsatz des Verbots mit Erlaubnisvorbehalt kann bildlich vereinfacht wie folgt dargestellt werden:

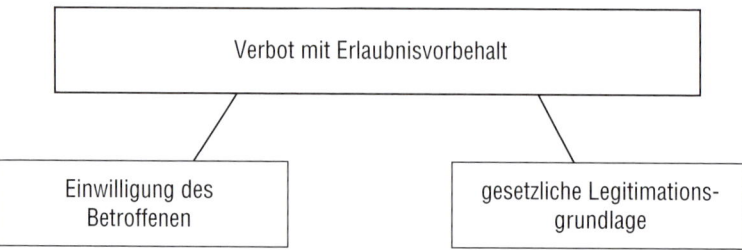

Die DSGVO gibt den Verantwortlichen die Erlaubnistatbestände in Art. 6 DSGVO vom Grundsatz her vor. Demnach dürfen Architekten/Ingenieure als Verantwortliche Daten u.a. dann verarbeiten, wenn

a) eine (wirksame) **Einwilligung** des Betroffenen vorliegt,
b) die **Verarbeitung zur Erfüllung des Vertrags** dient (z.B. Abwicklung eines Vertrags),
c) die Verarbeitung der **Durchführung von vorvertraglichen Maßnahmen dient**, die auf Anfrage der betroffenen Person erfolgen (z.B. Übersendung von Prospekten/Angeboten),
d) die Verarbeitung der **Erfüllung rechtlicher Pflichten** dient,
e) eine **Interessenabwägung** die Verarbeitung zugunsten des Architekten/Ingenieurs legitimiert (z.B. Werbemaßnahmen ohne Einwilligung).

3.2 Exkurs: Werbung und Verarbeitung personenbezogener Daten

Die bisherigen Regelungen im BDSG zur Werbung wurden vollständig durch die DSGVO abgelöst. Das bisherige sogenannte Listenprivileg oder eine Privilegierung von Daten aus öffentlichen Verzeichnissen oder Quellen kennt die DSGVO nicht. Noch nicht geklärt ist, inwieweit die geplante neue E-Privacy-Verordnung im Bereich der elektronischen Werbung konkrete Regelungen für Werbung enthalten wird.

Unangetastet bleiben bis dato allerdings die Regelungen und Vorgaben des Wettbewerbsrechts. Demnach muss für bestimmte Werbeformen (E-Mail, Telefon, Fax, SMS) in der Regel vorab eine ausdrückliche Einwilligung der betroffenen Person eingeholt werden.

Datenschutzrechtlich muss sich hingegen grundsätzlich jede Verarbeitung personenbezogener Daten zu Werbezwecken an die allgemeinen Zulässigkeitsvoraussetzungen des Art. 6 Abs. 1 DSGVO halten (siehe „Verbot mit Erlaubnisvorbehalt").

Die Datenverarbeitung zu Werbezwecken ist demnach datenschutzrechtlich zulässig, wenn eine Einwilligung des Betroffenen vorliegt oder wenn das Ergebnis einer Interessenabwägung zugunsten des werbenden Architekten/Ingenieurs ausfällt.

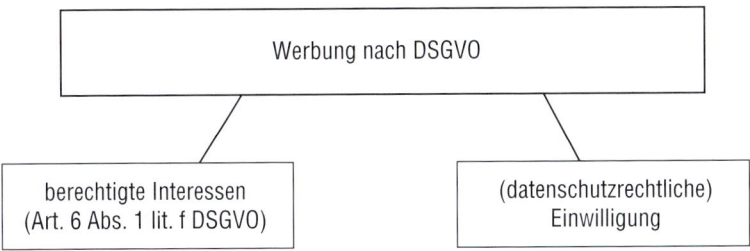

! Sämtliche Werbemaßnahmen müssen zusätzlich immer die Vorgaben des Wettbewerbsrechts einhalten. Architekten/Ingenieure haben hierbei insbesondere auch zu beachten, dass die datenschutzrechtliche Einwilligung grundsätzlich nicht automatisch auch eine wettbewerbsrechtliche Einwilligung ist.

3.3 Sonderfall 1: Interessenabwägung/Werbung ohne Einwilligung

Gemäß Art. 6 Abs. 1 lit. f DSGVO ist eine Datenverarbeitung zulässig, wenn sie zur Wahrung der berechtigten Interessen des Verantwortlichen (z.B. Architekt/Ingenieur) oder eines Dritten (z.B. Bauherr) erforderlich ist, sofern nicht die Interessen oder Grundrechte und Grundfreiheiten der betroffenen Person, die den Schutz personenbezogener Daten erfordern, überwiegen, insbesondere dann, wenn es sich bei der betreffenden Person um ein Kind handelt.

IV IT-Sicherheit und Datenschutz im Planungsbüro

Der Erwägungsgrund 47 DSGVO konkretisiert das berechtigte Interesse des Verantwortlichen und stellt grundsätzlich klar, dass die Verarbeitung personenbezogener Daten zum Zwecke der Werbung als eine dem berechtigten Interesse dienende Verarbeitung betrachtet werden kann. Hierbei sind auch die Erwartungen der betroffenen Person im Hinblick auf die Beziehung zu dem Verantwortlichen zu berücksichtigen.

Konkret heißt es in Erwägungsgrund 47 dazu:

- Es könnte ein berechtigtes Interesse beispielsweise vorliegen, wenn eine maßgebliche und angemessene Beziehung zwischen der betroffenen Person und dem Verantwortlichen besteht, z.B. wenn die betroffene Person ein Kunde des Verantwortlichen ist oder in seinen Diensten steht, Erwägungsgrund 47 Satz 2 DSGVO.
- Auf jeden Fall ist das Bestehen eines berechtigten Interesses besonders sorgfältig abzuwägen, wobei auch zu prüfen ist, ob eine betroffene Person zum Zeitpunkt der Erhebung der personenbezogenen Daten und angesichts der Umstände, unter denen sie erfolgt, vernünftigerweise absehen kann, dass möglicherweise eine Verarbeitung für diesen Zweck erfolgen wird, Erwägungsgrund 47 Satz 3 DSGVO.
- Insbesondere dann, wenn personenbezogene Daten in Situationen verarbeitet werden, in denen eine betroffene Person vernünftigerweise nicht mit einer weiteren Verarbeitung rechnen muss, könnten die Interessen und Grundrechte der betroffenen Person das Interesse des Verantwortlichen überwiegen, Erwägungsgrund 47 Satz 4 DSGVO.

Was ist bei Werbemaßnahmen gegenüber Bestandskunden datenschutzrechtlich zu beachten? Um auch dem Transparenzgebot und dem Grundsatz der Zweckbindung zu genügen, sollte der Kunde bei erstmaliger Datenerhebung immer auf die Möglichkeit hingewiesen werden, dass es im Verlauf der Datenverarbeitung zu Direktwerbung kommen kann.

Werden auf Grundlage einer Interessenabwägung Werbemaßnahmen durchgeführt, hat die betroffene Person das Recht, jederzeit Widerspruch gegen die Verarbeitung sie betreffender personenbezogener Daten zum Zwecke der Werbung einzulegen, Art. 21 Abs. 2 DSGVO.

Auf das Widerspruchsrecht ist die betroffene Person spätestens zum Zeitpunkt der ersten Kommunikation hinzuweisen, Art. 21 Abs. 4 DSGVO.

Trotz der Möglichkeit von Werbemaßnahmen auf Grundlage einer Interessenabwägung ist die Einholung von schriftlichen Einwilligungserklärungen zur Vermeidung von Rechtsunsicherheiten und Auseinandersetzungen drin-

Rechtliche Grundlagen IV

gend zu empfehlen. Dies gilt sowohl für die wettbewerbsrechtliche als auch für die datenschutzrechtliche Einwilligung.

3.4 Sonderfall 2: Werbung mit Einwilligung

Neben der gesetzlichen Legitimation in Form eines berechtigten Interesses kann die Datenverarbeitung auch auf eine (wirksame) Einwilligung gestützt werden. Die Einwilligung zur Verarbeitung personenbezogener Daten muss für einen oder mehrere bestimmte Zwecke abgegeben werden, Art. 6 Abs. 1 lit. a DSGVO. Architekten/Ingenieure sollten sich im Zweifel rechtlichen Rat einholen, insbesondere im Hinblick auf die Überschneidungen mit dem Wettbewerbsrecht.

3.5 Welche Anforderungen muss eine Einwilligung erfüllen, um wirksam zu sein?

Gibt es Unterschiede zwischen der Einwilligung von Kunden und Mitarbeitern?

Gemäß der Definition in Art. 4 Nr. 11 DSGVO muss die Einwilligung

1. freiwillig,
2. für einen bestimmten Fall,
3. in informierter Weise und durch eine unmissverständlich abgegebene Willensbekundung,
4. in Form einer Erklärung oder einer sonstigen eindeutigen bestätigenden Handlung, mit der die betroffene Person zu verstehen gibt, dass sie mit der Verarbeitung der sie betreffenden personenbezogenen Daten einverstanden ist,

erfolgen.

Die Voraussetzungen bedeuten im Einzelnen Folgendes:

3.5.1 Freiwilligkeit der Einwilligung

Die Einwilligung muss freiwillig erfolgen. An der Freiwilligkeit fehlt es, wenn ein klares Ungleichgewicht zwischen dem Betroffenen und dem Verantwortlichen besteht. Bislang wurde ein solches Ungleichgewicht regelmäßig in Arbeitsverhältnissen zwischen Arbeitgeber und Arbeitnehmer angenommen. Allerdings lässt es § 26 Abs. 2 BDSG für die Freiwilligkeit im Arbeitsverhältnis nunmehr ausreichen, wenn hierdurch für die beschäftigte Person ein rechtlicher oder wirtschaftlicher Vorteil erreicht wird oder wenn der Arbeitgeber und die beschäftigte Person gleich gelagerte Interessen verfolgen.

Die Einwilligung gilt nicht als freiwillig erteilt, wenn der Betroffene zu unterschiedlichen Verarbeitungsvorgängen keine gesonderte Einwilligung erteilen kann, obwohl dies im Einzelfall angebracht ist (Unzulässigkeit von Globaleinwilligungen).

An der Freiwilligkeit fehlt es auch, wenn die Vertragserfüllung von der Einwilligung abhängig gemacht wird, obwohl diese Einwilligung für die Erfüllung nicht erforderlich ist, sogenanntes Koppelungsverbot, Art. 7 Abs. 4 DSGVO.

3.5.2 Einwilligung für einen bestimmten Fall

Die Einwilligung muss sich auf einen konkreten Fall beziehen. Wenn die Verarbeitung der personenbezogenen Daten mehreren Zwecken dient, muss für alle diese Verarbeitungszwecke eine gesonderte Einwilligung eingeholt werden.

3.5.3 Einwilligung in informierter Weise und unmissverständlich

Die betroffene Person muss wissen, dass und in welchem Umfang sie ihre Einwilligung erteilt. Als Mindestinhalt muss die Einwilligung daher die Identität des Verantwortlichen und die Zwecke der Verarbeitung der personenbezogenen Daten enthalten.

3.5.4 Bestätigende Handlung

Last, but not least muss die Einwilligung durch eine eindeutige bestätigende Handlung der einwilligenden Person erfolgen, mit der unmissverständlich bekundet wird, dass die betroffene Person mit der Verarbeitung der sie betreffenden personenbezogenen Daten einverstanden ist.

Schriftform ist hierfür grundsätzlich nicht erforderlich. Die Einwilligung kann z.B. auch elektronisch, mündlich oder konkludent erklärt werden, wenn die betroffene Person eindeutig signalisiert, dass sie mit der Datenverarbeitung einverstanden ist.

Beispiel: Durch das Anklicken eines Ankreuzkästchens (sogenannte Checkbox) kann z.B. auf einer Internetseite eine unmissverständliche Willensbekundung erfolgen.

Schweigen, bereits angekreuzte Kästchen oder Untätigkeit der betroffenen Person stellen keine Einwilligung dar (siehe Erwägungsgrund 32 DSGVO). Im Arbeitsverhältnis galt für die Einwilligung zunächst auch weiterhin das Schriftformerfordernis. Mit dem 2. DSAnpUG-EU wurde § 26 BDSG dahin gehend geändert, dass nunmehr auch die elektronische Form zulässig ist.

3.5.5 Sonstige Voraussetzungen für eine wirksame Einwilligung

Der Verantwortliche muss nachweisen können, dass die betroffene Person in die Verarbeitung ihrer personenbezogenen Daten eingewilligt hat. Es ist ratsam, sich so weit wie möglich immer schriftlich erteilte Einwilligungserklärungen einzuholen, auch wenn (theoretisch) eine mündliche Einwilligung ausreichen würde. Letzteres ist im Streitfall schwer bis gar nicht nachweisbar.

Soll die Einwilligungserklärung zusammen mit anderen Erklärungen abgegeben werden, muss sie gemäß Art. 7 Abs. 2 DSGVO besonders hervorgehoben werden. Das kann beispielsweise farblich oder durch andere grafische Markierungen erfolgen.

Die Einwilligung muss zudem

1. in verständlicher und
2. leicht zugänglicher Form sowie
3. in einer klaren und einfachen Sprache verfasst sein.

Die betroffene Person kann ihre Einwilligung jederzeit widerrufen und ist in der Einwilligungserklärung auf diese Widerrufsmöglichkeit hinzuweisen, Art. 7 Abs. 3 DSGVO.

3.5.6 Exkurs: Fortbestand von Alt-Einwilligungen?

Einwilligungen, die vor der Geltung der DSGVO eingeholt wurden, gelten grundsätzlich auch weiterhin fort, wenn und soweit sie der Art nach den Bedingungen der DSGVO entsprechen (Erwägungsgrund 171).

Architekten/Ingenieure sollten die bisherigen Einwilligungserklärungen prüfen und bei Bedarf entsprechend anpassen bzw. neu einholen. Es sollten sukzessive sämtliche Einwilligungen ausgetauscht werden. Hierbei sollten insbesondere die verwendeten Datenschutzerklärungen inhaltlich an die neuen Vorgaben der DSGVO, insbesondere an die Informationspflichten gegenüber den Betroffenen (siehe unten), angepasst werden.

3.5.7 Wirkdauer von Einwilligungserklärungen

In der Praxis ist die Frage nach der Wirkdauer von Einwilligungserklärungen immer wieder ein Thema. Ratsam ist insoweit, dass die Einwilligungserklärung immer vorsieht, dass diese bis auf Widerruf der betroffenen Person gilt.

In der Praxis wird jedoch teilweise davon ausgegangen, dass Einwilligungserklärungen nicht unbeschränkt gültig seien. Hier muss die weitere Rechtsprechung abgewartet werden. Bis dahin sollten Architekten/Ingenieure für die Beurteilung des Fortbestands der Einwilligung danach fragen: Muss der Kunde, der seine Einwilligung abgegeben hat, auch nach längerer Zeit noch mit einer Verarbeitung seiner Daten, z.B. in Form von Werbung, rechnen? Hierbei ist objektiv eine vernünftige Erwartungshaltung des Betroffenen zugrunde zu legen. Die relevanten Zeiträume sind hierbei dann je nach Einzelfall zu beurteilen (z.B. Ablauf von langjährigen Verträgen, Garantiezeiträumen).

3.5.8 Zieht eine unwirksame Einwilligung automatisch auch ein Bußgeld mit sich?

Stellt sich in der Praxis heraus, dass die Einwilligung unwirksam ist, oder kann der Verantwortliche das Vorliegen einer (wirksamen) Einwilligung nicht nachweisen und liegt auch im Übrigen keine anderweitige Legitimationsgrundlage für die Verarbeitung der Daten vor, ist die Verarbeitung der personenbezogenen Daten der betroffenen Person unzulässig und kann mit einem entsprechenden Bußgeld geahndet werden (siehe „Verbot mit Erlaubnisvorbehalt"). Allerdings zieht ein Verstoß nicht automatisch ein Bußgeld mit sich. Dies hängt von den Umständen des Einzelfalls ab.

V
Beschäftigtendatenschutz, § 26 BDSG

Geht es um die Frage nach der Zulässigkeit von Daten der Beschäftigten, sieht – wie bereits in den vorhergehenden Kapiteln erläutert – die DSGVO eine Öffnungsklausel vor, von der der deutsche Gesetzgeber Gebrauch gemacht hat. Primär sind also in diesem Bereich die Regelungen des § 26 BDSG heranzuziehen.

 Die allgemeinen datenschutzrechtlichen Grundsätze bestehen gleichwohl fort.

Die bisherige Regelung zum Beschäftigtendatenschutz gemäß § 32 BDSG a.F. wurde durch die neue Regelung des § 26 BDSG nur wenig verändert.

§ 26 BDSG legitimiert die Datenverarbeitung im Rahmen von Beschäftigungsverhältnissen, wenn

1. die entsprechenden Daten für Zwecke des Beschäftigungsverhältnisses verarbeitet werden,
2. dies für die Entscheidung über die Begründung eines Beschäftigungsverhältnisses oder
3. nach Begründung des Beschäftigungsverhältnisses für dessen Durchführung oder
4. Beendigung oder
5. zur Ausübung oder Erfüllung der sich aus einem Gesetz oder einem Tarifvertrag, einer Betriebs- oder Dienstvereinbarung (Kollektivvereinbarung) ergebenden Rechte und Pflichten der Interessenvertretung der Beschäftigten erforderlich ist.

Zur Aufdeckung von Straftaten dürfen personenbezogene Daten von Beschäftigten nur dann verarbeitet werden, wenn zu *dokumentierende tatsächliche Anhaltspunkte den Verdacht* begründen, dass

1. die betroffene Person im Beschäftigungsverhältnis eine Straftat begangen hat,
2. die Verarbeitung zur Aufdeckung erforderlich ist *und*
3. das schutzwürdige Interesse der oder des Beschäftigten an dem Ausschluss der Verarbeitung nicht überwiegt, insbesondere Art und Ausmaß im Hinblick auf den Anlass nicht unverhältnismäßig sind.

Beruht die Datenverarbeitung im Beschäftigungsverhältnis nicht auf einer der von § 26 BDSG gesetzlich legitimierten Fallkonstellationen, können Arbeitgeber die Datenverarbeitung noch durch eine Einwilligung des betroffenen Beschäftigten legitimieren.

Zu den Voraussetzungen der Einwilligung siehe das vorangestellte Kapitel.

Hinsichtlich der Freiwilligkeit einer Einwilligungserklärung im Beschäftigungsverhältnis führt § 26 Abs. 2 BDSG im Speziellen aus, dass eine Freiwilligkeit insbesondere dann vorliegen kann, wenn für die beschäftigte Person ein rechtlicher oder wirtschaftlicher Vorteil erreicht wird oder Arbeitgeber und beschäftigte Person gleich gelagerte Interessen verfolgen.

Als Beispiele für die Erreichung eines Vorteils nennt die Gesetzesbegründung die Einführung eines betrieblichen Gesundheitsmanagements und die Erlaubnis zur Privatnutzung der betrieblichen IT-Systeme.

Die Einwilligung hat schriftlich oder elektronisch zu erfolgen, soweit nicht wegen besonderer Umstände eine andere Form angemessen ist.

> **!** Der Arbeitgeber hat die beschäftigte Person insbesondere auch über den Zweck der Datenverarbeitung und über das Widerrufsrecht in Textform zu informieren.

Exkurs: Verpflichtungserklärung von Beschäftigten auf Vertraulichkeit

Weder das BDSG noch die DSGVO sehen – soweit ersichtlich – eine explizite Regelung dahin gehend vor, dass beschäftigte Personen auf das Datengeheimnis verpflichtet werden müssen. Hinsichtlich eines innerbetrieblichen Datenschutzmanagementsystems sowie zur Erfüllung der Dokumentations- und Nachweispflichten ist Architekten/Ingenieuren dennoch dringend anzuraten, sich eine entsprechende Verpflichtungserklärung auf Vertraulichkeit der jeweils zur Verarbeitung befugten Personen einzuholen. Denn so kann die Einhaltung der datenschutzrechtlichen Vorschriften sichergestellt werden.

V IT-Sicherheit und Datenschutz im Planungsbüro

VI
Welche Pflichten müssen Architekten/Ingenieure nach den Vorgaben der DSGVO erfüllen?

VI IT-Sicherheit und Datenschutz im Planungsbüro

Die DSGVO regelt unterschiedliche Pflichten für die datenschutzrechtlich Verantwortlichen, was in der Praxis oftmals die Architekten/Ingenieure bzw. je nach Größe des Planungsbüros dessen Inhaber sind.

Seit der Geltung der DSGVO haben sowohl die sogenannten Organisations- und Dokumentationspflichten als auch das Prinzip der Accountability, d.h. die Rechenschaftspflicht der Verantwortlichen, an Bedeutung gewonnen.

Ganz allgemein gilt hinsichtlich der Rechenschaftspflicht, dass der Verantwortliche, z.B. der Inhaber des Planungsbüros, gemäß Art. 5 Abs. 2 DSGVO für die Einhaltung der Grundsätze der DSGVO verantwortlich ist und die Einhaltung im Zweifel nachzuweisen hat, mithin Rechenschaft ablegen muss.

Zugleich muss der Verantwortliche aber gemäß Art. 24 Abs. 1 DSGVO auch unter Berücksichtigung

1. der Art,
2. des Umfangs,
3. der Umstände und
4. der Zwecke der Verarbeitung sowie
5. der Schwere der Risiken für die Rechte und Freiheiten natürlicher Personen

geeignete technische und organisatorische Maßnahmen (sogenannte „TOM") im Planungsbüro etablieren und umsetzen, um hierdurch sicherstellen und den Nachweis dafür erbringen zu können, dass die Datenverarbeitung datenschutzkonform erfolgt.

Faktisch hat dies u.a. auch zur Folge, dass hierdurch eine Beweislastumkehr zulasten der verantwortlichen Architekten/Ingenieure gegenüber den zuständigen Aufsichtsbehörden besteht. Das heißt, in einem streitigen Verfahren muss der Verantwortliche sein datenschutzkonformes Verhalten darlegen und im Zweifel auch beweisen. Gelingt der Nachweis nicht, drohen Bußgelder oder ein Prozessverlust.

> Architekten/Ingenieure sollten jederzeit nachweisen können, dass die Datenverarbeitung rechtlich, technisch und organisatorisch ordnungsgemäß erfolgt. Hierfür kann ein Datenschutzmanagementsystem in der Praxis äußerst hilfreich sein.

1. Datenschutzmanagementsystem

Für ein taugliches Datenschutzmanagementsystem sollten Verantwortliche und die intern/extern dafür zuständigen Personen sämtliche datenschutzrelevanten Vorgänge im Planungsbüro zunächst sorgfältig dokumentieren, bevor ein Datenschutzmanagementsystem etabliert werden kann.

Pflichten von Architekten/Ingenieure nach den Vorgaben der DSGVO — VI

Bestandteile eines Datenschutzmanagements

Bestandteile eines solchen Datenschutzmanagements (nicht abschließend)	Eingeführt
Zuweisung von datenschutzrechtlichen Zuständigkeiten innerhalb des Planungsbüros	
Sensibilisierung und regelmäßige Schulung von Arbeitnehmern	
Regeln und Richtlinien für Kontrollen, Optimierung und Anpassung aller Maßnahmen im Sinne des Datenschutzrechts	
Nutzung und Einsatz von „datenschutzfreundlichen" Technologien	
IT-Sicherheit stets nach dem Stand der Technik gewährleisten	
Dokumentationspflichten, insbesondere in Bezug auf	
– Verzeichnis der Verarbeitungstätigkeit (siehe unten)	
– Datenschutzorganisation innerhalb des Planungsbüros	
– interne Datenschutzregeln und Richtlinien zur IT-Sicherheit	
– ggf. Dokumentation von durchgeführten sogenannten Datenschutz-Folgenabschätzungen	
– Datenschutzverstöße/-vorfälle	
– Zuständigkeiten	
– etc.	

> Ein Datenschutzmanagementsystem scheint auf den ersten Blick komplex und unverständlich. Sobald die Verantwortlichen jedoch z.B. das Verzeichnis für Verarbeitungstätigkeiten aufgestellt haben bzw. sich durch z.B. externe Datenschutzbeauftragte haben erstellen lassen, folgen die weiteren Bestandteile eines Datenschutzmanagementsystems fast automatisch.

2. Meldepflicht bei Datenpannen, Art. 33 DSGVO

Wird mit Daten, gleich in welchem Umfang, gearbeitet, sind Datenpannen nicht ausgeschlossen. Insoweit sieht Art. 33 DSGVO eine Meldepflicht bei Datenpannen für die Verantwortlichen bzw. für die Auftragsverarbeiter vor.

> Die Meldepflichten gemäß der DSGVO sind im Vergleich zur alten Rechtslage erheblich erweitert worden.

Nach altem Recht musste z.B. eine derartige Meldung nur dann erfolgen, wenn die Datenpanne besonders sensible Daten betraf, und dies auch nur bei schwerwiegenden Beeinträchtigungen der betroffenen Person.

VI IT-Sicherheit und Datenschutz im Planungsbüro

Seit Geltung der DSGVO muss der Verantwortliche im Falle einer (bloßen) Verletzung des Schutzes personenbezogener Daten dies *unverzüglich* und *möglichst binnen 72 Stunden*, nachdem ihm die Verletzung bekannt wurde, der zuständigen Aufsichtsbehörde melden, Art. 33 Abs. 1 DSGVO.

! Die Meldepflicht entfällt nur dann, wenn die Verletzung des Schutzes personenbezogener Daten voraussichtlich nicht zu einem Risiko für die Rechte und Freiheiten natürlicher Personen führt. Hier haben die Verantwortlichen einen Abwägungs- und Entscheidungsspielraum, wobei dieser Spielraum nicht zu weit ausgereizt und die Abwägung in jedem Fall dokumentiert werden sollte. Denn kommt es zu einer Kontrolle durch die zuständigen Aufsichtsbehörden, greift auch hier wieder die Umkehr der Beweislast. Das heißt, der Verantwortliche muss nachweisen, dass und warum eine Meldung der Datenpanne nach seiner Auffassung nicht erforderlich war. Im Zweifel sollten sich die Verantwortlichen hier fachkundigen Rat einholen.

Kommt der Verantwortliche zu dem Ergebnis, dass die Datenpanne der zuständigen Aufsichtsbehörde gemeldet werden muss, muss – neben der Frist – auch der Mindestinhalt beachtet werden. Die Meldung an die **Aufsichtsbehörde** muss nach den Vorgaben der DSGVO nämlich folgende Mindestangaben beinhalten:

Mindestangaben zur Meldung an Aufsichtsbehörden nach DSGVO

Mindestangaben zur Meldung einer Datenpanne an die Aufsichtsbehörde nach DSGVO	Enthalten
Beschreibung der Art der Verletzung des Schutzes der personenbezogenen Daten und, soweit möglich, dies auch mit Angabe der Kategorien und der ungefähren Zahl der betroffenen Personen	
Beschreibung der Datenkategorien und der ungefähren Zahl der betroffenen Datensätze	
Nennung der Namen und der Kontaktdaten des Datenschutzbeauftragten (sofern vorhanden) oder einer sonstigen Anlaufstelle für weitere Informationen	
Beschreibung der wahrscheinlichen Folgen der Verletzung des Schutzes personenbezogener Daten	
Beschreibung der ergriffenen und vorgeschlagenen Maßnahmen zur Behebung der Verletzung des Schutzes personenbezogener Daten und	
ggf. Maßnahmen zur Abmilderung ihrer möglichen nachteiligen Auswirkungen	

Pflichten von Architekten/Ingenieure nach den Vorgaben der DSGVO VI

! Eine ausführliche Aufzählung der möglichen Risiken findet sich in Erwägungsgrund 75 zur DSGVO. Es muss in jedem Fall aber durch den Verantwortlichen (= Architekt/Ingenieur) eine Risikoprognose durchgeführt und im Zweifel die Aufsichtsbehörde informiert werden. Kommt der Verantwortliche zu dem Ergebnis, dass die Datenpanne und die damit einhergehende Datenschutzverletzung voraussichtlich ein hohes Risiko für die persönlichen Rechte und Freiheiten natürlicher Personen zur Folge haben, ist der Verantwortliche zusätzlich verpflichtet, die *betroffene Person* unverzüglich von der Verletzung in Kenntnis zu setzen.

Den Inhalt der Meldung an den Betroffenen regelt Art. 34 Abs. 2 DSGVO detailliert, sodass sich Architekten/Ingenieure daran orientieren können.

Eine Ausnahme von der **Benachrichtigungspflicht gegenüber den Betroffenen** besteht nur dann, wenn *eine* der folgenden Bedingungen erfüllt ist:

Bedingungen für Ausnahmen von der Benachrichtigungspflicht

Bedingungen für Ausnahmen	Erfüllt	Nicht erfüllt
Es wurden geeignete technische und organisatorische Sicherheitsvorkehrungen vom Verantwortlichen getroffen, die auch auf die von der Verletzung betroffenen personenbezogenen Daten angewandt wurden *oder*		
Es wird sichergestellt, dass durch nachfolgende Maßnahmen das hohe Risiko für die Rechte und Freiheiten des Betroffenen aller Wahrscheinlichkeit nicht mehr besteht *oder*		
Die Benachrichtigung würde für den Verantwortlichen einen unverhältnismäßigen Aufwand bedeuten. Achtung: In diesem Fall muss stattdessen eine öffentliche Bekanntmachung oder eine vergleichbare Maßnahme erfolgen, durch die die betroffenen Personen ähnlich wirksam informiert werden.		

! Gemäß Art. 33 Abs. 5 DSGVO muss der Verantwortliche neben den Informationen und Benachrichtigungen zusätzlich jede Datenschutzverletzung bzw. jede Datenpanne dokumentieren, inklusive aller damit in Zusammenhang stehenden Tatsachen, deren Auswirkungen und der ergriffenen Abhilfemaßnahmen.

3. Datenschutz-Folgenabschätzung, Art. 35 DSGVO

Für bestimmte Datenverarbeitungsvorgänge gab es im alten Recht eine sogenannte Vorabkontrolle, die seit Geltung der DSGVO durch die sogenannte Datenschutz-Folgenabschätzung gemäß Art. 35 DSGVO ersetzt wurde.

Eine solche Datenschutz-Folgenabschätzung müssen die Verantwortlichen nach Art. 35 Abs. 1 DSGVO grundsätzlich immer dann durchführen, wenn die Datenverarbeitung voraussichtlich ein hohes Risiko für die Rechte und Freiheiten natürlicher Personen zur Folge haben könnte.

> **Beispiele:** Eine Datenschutz-Folgenabschätzung muss insbesondere (nicht abschließend) beim Einsatz von Überwachungskameras, umfangreicher Verarbeitung von sensiblen Daten (z.B. Gesundheitsdaten der Beschäftigten) oder bei umfassenden automatisierten Persönlichkeitsbewertungen (z.B. Profiling) vorab vorgenommen werden.

! Die Verantwortlichen sollten die Datenschutz-Folgenabschätzung nachweislich dokumentieren und das Ergebnis auch begründen.

Inhaltlich hat die Datenschutz-Folgenabschätzung folgende Mindestangaben aufzuweisen:

1. Beschreibung der geplanten Verarbeitungsvorgänge und der Zwecke der Verarbeitung sowie der vom Verantwortlichen verfolgten berechtigten Interessen
2. Bewertung der Notwendigkeit und Verhältnismäßigkeit der Verarbeitung in Bezug auf den Zweck
3. Bewertung der Risiken für die Rechte und Freiheiten der betroffenen Person sowie
4. die zur Bewältigung der Risiken geplanten Abhilfemaßnahmen

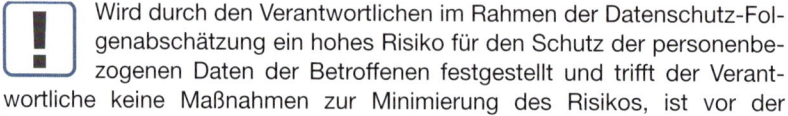

! Wird durch den Verantwortlichen im Rahmen der Datenschutz-Folgenabschätzung ein hohes Risiko für den Schutz der personenbezogenen Daten der Betroffenen festgestellt und trifft der Verantwortliche keine Maßnahmen zur Minimierung des Risikos, ist vor der Verarbeitung die Aufsichtsbehörde zu informieren.

4. Informationspflichten bei Datenerhebung und deren praktische Umsetzung, Art. 13 und 14 DSGVO

Werden personenbezogene Daten direkt oder indirekt erhoben, müssen die datenschutzrechtlich Verantwortlichen zum Zeitpunkt der Datenerhebung bestimmte Informationspflichten gegenüber der betroffenen Person erfüllen.

> **!** Durch die Regelungen in der DSGVO wurden die Informationspflichten des Verantwortlichen gegenüber der jeweils betroffenen Person erheblich ausgeweitet.

In der Praxis werden die Informationspflichten in folgenden Konstellationen relevant (nicht abschließend):

1. direkte Datenerhebung beim jeweiligen Betroffenen
2. indirekte Erhebung der Daten/Erhebung der Daten des Betroffenen bei Dritten
3. Zweckänderung

4.1 Die Voraussetzungen im Einzelnen

4.1.1 Direkte Datenerhebung beim jeweiligen Betroffenen

Werden die Daten direkt bei der jeweils betroffenen Person (z.B. Bauherr) erhoben, muss gemäß Art. 13 DSGVO über Folgendes informiert werden:

1. Namen und Kontaktdaten des Verantwortlichen (= Architekt/Ingenieur)
2. Kontaktdaten des Datenschutzbeauftragten (sofern vorhanden)
3. Zweck und Rechtsgrundlage der Datenverarbeitung
4. Erfolgt die Verarbeitung auf Grundlage von Art. 6 Abs. 1 lit. f DSGVO, muss über die berechtigten Interessen des Verantwortlichen oder eines Dritten informiert werden.
5. ggf. Empfänger oder Kategorien von Empfängern der personenbezogenen Daten
6. ggf. Absicht des Verantwortlichen, die Daten an ein Drittland/eine internationale Organisation zu übermitteln
7. Dauer der Datenspeicherung oder falls dies nicht möglich ist, Kriterien für die Festlegung/Berechnung der Dauer
8. Bestehen eines Rechts auf Auskunft, Berichtigung, Löschung, Einschränkung der Verarbeitung, Widerspruchsrecht und Recht auf Datenübertragbarkeit
9. Bestehen eines Beschwerderechts bei einer Aufsichtsbehörde

10. gesetzliche oder vertragliche Verpflichtung zur Bereitstellung der personenbezogenen Daten oder Erforderlichkeit für einen Vertragsabschluss und Folgen der Nichtbereitstellung
11. Bestehen einer automatisierten Entscheidungsfindung einschließlich Profiling

Ist die Rechtsgrundlage der Datenverarbeitung die Einwilligung des Betroffenen gemäß Art. 6 Abs. 1 lit. a DSGVO oder bei besonderen Kategorien von personenbezogenen Daten gemäß Art. 9 Abs. 2 lit. a DSGVO, muss zusätzlich über Folgendes informiert werden:

12. Bestehen eines Rechts, die Einwilligung jederzeit zu widerrufen

> Verfügt die betroffene Person bereits über die vorstehenden Informationen (z.B. Bestandskunde, der bereits umfassend informiert wurde, und seitdem sind keine Änderungen eingetreten), entfällt grundsätzlich die Informationspflicht, Art. 13 Abs. 4 DSGVO.

Die Informationen müssen der betroffenen Person

1. in präziser, transparenter, verständlicher und leicht zugänglicher Form,
2. in einer klaren und einfachen Sprache sowie
3. zum Zeitpunkt der Erhebung der Daten

übermittelt werden, Art. 12 Abs. 1 DSGVO.

> Für die Erfüllung der Informationspflichten dürfen der betroffenen Person grundsätzlich keine Kosten in Rechnung gestellt werden, Art. 12 Abs. 5 DSGVO. Die Informationen können schriftlich oder in anderer Form und auch elektronisch (z.B. per E-Mail) erteilt werden. Die Informationspflichten gelten grundsätzlich auch dann, wenn personenbezogene Daten via Internet erhoben werden (z.B. IP-Adresse beim Aufruf der Webseite, Angaben bei Kontaktaufnahme durch ein Kontaktformular etc.). Um die Informationspflichten auch hier rechtmäßig zu erfüllen, sollten insbesondere die Datenschutzerklärungen geprüft und entsprechend den Vorgaben der DSGVO sowie weiteren einschlägigen gesetzlichen Bestimmungen ausgestaltet werden.

4.1.2 Indirekte Erhebung der Daten/Erhebung der Daten des Betroffenen bei Dritten

Werden die personenbezogenen Daten nicht direkt bei der betroffenen Person, sondern bei einem Dritten (z.B. Bauherr) oder aus öffentlichen Quellen erhoben, müssen die datenschutzrechtlich Verantwortlichen zusätzlich zu den Informationen, die bei der Direkterhebung erteilt werden müssen (Punkt Nr. 1), über Folgendes informieren:

1. Kategorien der personenbezogenen Daten, die erhoben werden
2. Quelle, aus der die Daten stammen, ggf. ob sie aus öffentlich zugänglichen Quellen stammen

Auch hier entfällt die Informationspflicht grundsätzlich dann,

1. wenn die betroffene Person bereits über die Informationen verfügt *oder*
2. die Erteilung der Information unmöglich *oder*
3. nur mit einem unverhältnismäßigen Aufwand möglich ist *und*
4. die Vorgaben des § 33 BDSG erfüllt sind.

4.1.3 Zweckänderung

In der Praxis kommt es häufig vor, dass personenbezogenen Daten zu einem bestimmten Zweck erhoben wurden, im Verlauf dann aber zu anderen Zwecken weiterverwendet werden sollen. Bei einer solchen sogenannten Zweckänderung müssen die datenschutzrechtlich Verantwortlichen die von der Zweckänderung betroffene Person *vor* der Weiterverarbeitung über die maßgebliche geplante Zweckänderung (neu) informieren. Folgendes muss dem Betroffenen bei der Zweckänderung mitgeteilt werden:

Mitteilung der Zweckänderung

Was mitgeteilt werden muss	Enthalten
neuer Zweck der Verarbeitung	
Dauer der Verarbeitung bzw. Kriterien für die Fertigstellung dieser Daten	
Rechte des Betroffenen	
Beschwerderecht bei einer Aufsichtsbehörde	
ggf. gesetzliche oder vertragliche Verpflichtung zur Bereitstellung der personenbezogenen Daten oder Erforderlichkeit für einen Vertragsabschluss und Folgen der Nichtbereitstellung	
ggf. Bestehen einer automatisierten Entscheidungsfindung einschließlich Profiling	

4.2 Probleme und Sonderfälle bei der praktischen Umsetzung

In der Praxis gibt es Konstellationen, die es faktisch nicht zulassen, dass den betroffenen Personen die Informationen unmittelbar bei der Datenerhebung zur Verfügung gestellt werden können. Das ist u.a. dann der Fall, wenn Verträge z.B. am Telefon geschlossen werden.

VI IT-Sicherheit und Datenschutz im Planungsbüro

In diesen und vergleichbaren Konstellationen würde die Erfüllung der Informationspflichten zu einer Informationsflut führen, was wiederum zur Folge haben kann, dass die betroffenen Personen die wesentlichen Informationen faktisch gar nicht zur Kenntnis nehmen.

Für diese Fälle hatte die sogenannte Artikel-29-Datenschutzgruppe im Working Paper 100 für *„das Prinzip, nach dem eine Erklärung über eine Verarbeitung nach Treu und Glauben nicht unbedingt in einem einzigen Dokument enthalten sein muss"* plädiert. Weiter heißt es: *„Stattdessen könnten die Informationen für die Betroffenen auf mehreren Ebenen verteilt werden, solange die Gesamtheit dieser Ebenen den rechtlichen Anforderungen entspricht"*. An dieser gestuften Erfüllung der Informationspflichten hält die Artikel-29-Datenschutzgruppe auch in ihrem Working Paper 260 weiter fest.

> **Beispiel:** Die Informationspflichten könnten demnach beispielsweise so erfüllt werden, dass dem Kunden nach dem Telefonat die entsprechenden Informationen per E-Mail zugesandt werden. In diesem Fall würde man von einem sogenannten Medienbruch sprechen (Datenerhebung per Telefon vs. Informationen per E-Mail). Entsprechendes kann man sich im Rahmen eines Gewinnspiels vorstellen, wo die betroffene Person die Informationen beispielsweise via QR-Code abrufen kann.

Ob ein solcher Medienbruch zulässig ist, beantwortet der Gesetzgeber in der DSGVO nicht. Hier wird lediglich betont, dass der Zugang zu den Informationen leicht sein muss.

Leichter Zugang heißt aber wiederum nicht zwingend, dass die Informationen *unmittelbar* bereitgestellt werden müssen. Hierfür spricht ebenfalls, dass die DSGVO im Übrigen auch von der Digitalisierung geprägt ist.

Wie kann eine solche gestufte Informationserteilung in der Praxis nun aussehen?

Zunächst sollte man zwei Ebenen unterscheiden:

1. *Ebene 1:* Informationen, die der betroffenen Person unmittelbar mitgeteilt werden müssen
2. *Ebene 2:* Informationen, die auf einer gesonderten Website, per Fax, E-Mail etc. vorgehalten werden können

> 💡 Um die Informationen der jeweiligen Ebene richtig zuzuordnen, sollten sich die Verantwortlichen fragen: Welche Informationen sind für den Betroffenen so wesentlich, dass die Entscheidung (z.B. für

Pflichten von Architekten/Ingenieure nach den Vorgaben der DSGVO — VI

den Vertragsschluss) davon abhängt? Diese Informationen sind in der Regel der Ebene 1 zuzuordnen. Die restlichen Informationen dann der Ebene 2.

Als Faustformel kann man sich auch merken: Bei den Informationen der Ebene 1 muss man gewissermaßen von „Dealbreakern" sprechen können. Informationen auf Ebene 2 sind demgegenüber für besonders datenschutzinteressierte Betroffene oder für den Konfliktfall wesentlich.

Folgende unverbindliche Übersicht kann für die Zuordnung herangezogen werden:

Übersicht zur Zuordnung der Ebenen

Ebene 1	Ebene 2
Namen und Kontaktdaten des Verantwortlichen	Namen und Kontaktdaten des Vertreters in der EU
	Kontaktdaten des Datenschutzbeauftragten
Zwecke, für die die personenbezogenen Daten verarbeitet werden sollen	Rechtsgrundlage für die Verarbeitung
berechtigte Interessen, die von einem Dritten verfolgt werden	berechtigte Interessen, die von dem Verantwortlichen verfolgt werden
Kategorien von Empfängern	Empfänger
Absicht des Verantwortlichen, die personenbezogenen Daten an ein Drittland oder eine internationale Organisation zu übermitteln	Vorhandensein oder Fehlen eines Angemessenheitsbeschlusses der Kommission oder Verweis auf die geeigneten oder angemessenen Garantien und die Möglichkeit, wie eine Kopie von ihnen zu erhalten ist
	Dauer der Speicherung oder Kriterien zur Festlegung dieser Dauer
	Bestehen eines Rechts auf Auskunft seitens des Verantwortlichen über die betreffenden personenbezogenen Daten sowie auf Berichtigung oder Löschung oder auf Einschränkung der Verarbeitung oder eines Widerspruchsrechts gegen die Verarbeitung sowie des Rechts auf Datenübertragbarkeit
Verpflichtung, die personenbezogenen Daten bereitzustellen, und welche möglichen Folgen die Nichtbereitstellung hätte	Bereitstellung der personenbezogenen Daten gesetzlich oder vertraglich vorgeschrieben oder für einen Vertragsabschluss erforderlich

4.3 Weitere besondere Verarbeitungssituationen

4.3.1 Geschäftslokal

Kommt der Kunde direkt zum Architekten/Ingenieur ins Büro und werden dort Waren und Dienstleistungen angeboten und insoweit auch personenbezogene Daten erhoben und verarbeitet (z.B. Kontaktdaten des Kunden), können die Verantwortlichen die entsprechenden Informationen grundsätzlich auch durch einen Aushang erteilen. Die Verantwortlichen sollten hier aber stets sicherstellen, dass, wenn eine betroffene Person es wünscht, auch Abdrucke der Informationen zum Mitnehmen zur Verfügung gestellt werden.

> **!** Diese Konstellation dürfte bei Architekten/Ingenieuren in der Regel entfallen, da hier grundsätzlich entweder vorab bereits eine umfassende Kommunikation erfolgte oder es sich nur um ein „Kennlerngespräch" o.Ä. handelt. Ein „Kauf" im vorgenannten Sinn liegt bei Architekten/Ingenieuren hingegen selten vor.

4.3.2 Telefonische Bestellung/Beauftragung

Ruft der Kunde im Planungsbüro an und erfolgt hierüber eine telefonische Beauftragung, erscheint eine Sprachwiedergabe der gesamten Transparenzinformation nicht praktisch und wenig realistisch. Im Zweifel legen (potenzielle) Kunden auf. Aus diesem Grund scheint es für diese Fallkonstellationen angemessen zu sein, dass die Informationen z.B. per Link via SMS aufs Handy des Kunden geschickt werden oder wenn am Telefon auf eine (leicht zu merkende) URL verwiesen wird, wo der Kunde die Informationen abrufen kann.

4.3.3 Automatenverkauf

Sofern Architekten/Ingenieure als Serviceangebot im Büro einen Automatenverkauf haben, erscheint es auch hier unpraktisch und nicht sinnvoll zu sein, dem Kunden alle Informationen per Bildschirm auf einmal zukommen zu lassen. Hier sollten die Verantwortlichen sicherstellen, dass sich die Anzeige auf die wesentlichen Informationen der Ebene 1 beschränkt und für die weiteren Informationen der Ebene 2 der Hinweis auf eine (leicht zu merkende) URL gegeben wird. Alternativ ist es insoweit aber auch denkbar, dass die Informationen als Menüoption vollständig für interessierte Betroffene vorgehalten werden.

Pflichten von Architekten/Ingenieure nach den Vorgaben der DSGVO

4.3.4 Informationspflichten und Beschäftigtendaten

In der Praxis hat sich gezeigt, dass Beschäftigte nicht immer zwingend auch über sämtliche datenschutzrelevanten Informationen verfügen, nur weil sie ein enges Schuldverhältnis (= Arbeitsverhältnis) zum Verantwortlichen haben. Um auch hier die Informationspflichten sicherzustellen, empfiehlt es sich, dass die Verantwortlichen die notwendigen Informationen als Anlage zum Arbeitsvertrag mitteilen. Zudem bietet es sich an, entsprechende Informationen, die unter Umständen auch Änderungen und Aktualisierungen unterliegen, auf einer internen Intranetseite vorzuhalten.

4.3.5 Bewerbermanagement

Im Bewerbungsverfahren ist grundsätzlich zwischen reinen Online-Bewerbungen und „klassischen" Bewerbungen per Post zu unterscheiden.

1. In einem Online-Bewerberportal sind die Informationen ohne Weiteres unmittelbar bereitzustellen. Bei reiner Online-Abwicklung ist es möglich, Informationen der Ebene 1 und 2 auf Unterseiten vorzuhalten.
2. Erfolgt die Bewerbung per Post, richtet sich diese entweder gezielt auf eine Stellenausschreibung oder erfolgt initiativ. In beiden Fällen findet eine Erhebung personenbezogener Daten erst mit Sichtung der Einsendung statt. Eine etwaige Stellenausschreibung darf sich daher auf grundlegende Informationen beschränken, wenn die endgültige Information nachgeliefert wird.

4.3.6 Videoüberwachung in öffentlich zugänglichen Räumen

Für die Videoüberwachung sieht das BDSG in § 4 Abs. 2 eine spezielle Regelung hinsichtlich der Informationspflichten vor. Demnach sind der Umstand der Beobachtung sowie der Name und die Kontaktdaten des Verantwortlichen durch geeignete Maßnahmen zum frühestmöglichen Zeitpunkt erkennbar zu machen. Im Übrigen sollten Architekten/Ingenieure mindestens auch die Informationen der Ebene 1 erfüllen.

Folgendes Symbolbild hat sich etabliert:

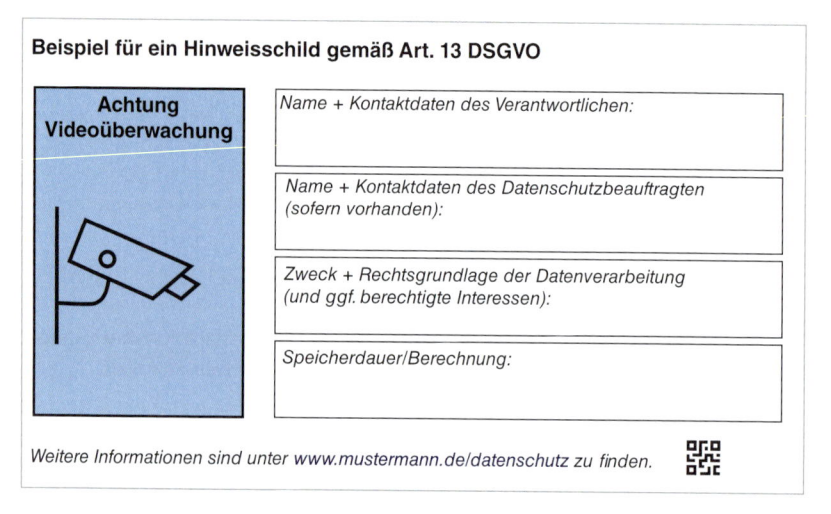

Beispiel für ein Hinweisschild gemäß Art. 13 DSGVO

Achtung Videoüberwachung

Name + Kontaktdaten des Verantwortlichen:

Name + Kontaktdaten des Datenschutzbeauftragten (sofern vorhanden):

Zweck + Rechtsgrundlage der Datenverarbeitung (und ggf. berechtigte Interessen):

Speicherdauer/Berechnung:

Weitere Informationen sind unter www.mustermann.de/datenschutz zu finden.

---

5. Auskunftspflichten vs. Auskunftsrechte

Eine weitere Pflicht des Verantwortlichen und spiegelbildlich ein besonderes Recht von Betroffenen ist das Auskunftsrecht. Das Auskunftsrecht wird in Art. 15 DSGVO und für bestimmte Fälle ergänzend in §§ 29, 24 BDSG gesetzlich geregelt.

Macht der Betroffene sein Recht auf Auskunft geltend, kann er gemäß Art. 15 DSGVO grundsätzlich folgende Informationen vom Verantwortlichen verlangen:

1. die Verarbeitungszwecke
2. die Kategorien personenbezogener Daten, die verarbeitet werden
3. die Empfänger oder Kategorien von Empfängern, denen die Daten offengelegt wurden
4. falls möglich, die Dauer der Speicherung bzw. die Kriterien für die Festlegung/Berechnung der Dauer
5. die Rechte des Betroffenen
6. das Bestehen eines Beschwerderechts bei einer Aufsichtsbehörde
7. wenn die personenbezogenen Daten *nicht* bei der betroffenen Person erhoben wurden, alle verfügbaren Informationen über die Herkunft der Daten
8. das Bestehen einer automatisierten Entscheidungsfindung einschließlich Profiling

Pflichten von Architekten/Ingenieure nach den Vorgaben der DSGVO — VI

9. Sofern eine Datenübermittlung an ein Drittland oder eine internationale Organisation erfolgt, ist über die Garantien gemäß Art. 46 DSGVO zu unterrichten.

> **!** Der Auskunftsanspruch kann von der betroffenen Person formfrei geltend gemacht werden. Die Verantwortlichen haben dann darauf fristgerecht zu reagieren.

5.1 Wie sollten die Verantwortlichen bei einem Auskunftsersuchen in der Praxis vorgehen?

Die nachfolgende Auflistung soll Architekten/Ingenieuren als datenschutzrechtlich Verantwortlichen eine Art Leitfaden an die Hand geben. In der Praxis können Architekten/Ingenieure entsprechend ihren betrieblichen Abläufen auch andere Verfahren etablieren.

5.1.1 Prüfung der Identität des Anfragenden

Erreicht den Verantwortlichen ein Auskunftsverlangen, sollte der Verantwortliche in einem ersten Schritt die Identität des Anfragenden prüfen, z.B. durch Vorlage des Personalausweises/Passes oder durch (telefonische) Abfrage von Daten, die nur der Anfragende wissen sollte. Dies dient dazu, missbräuchliches Auskunftsverlangen zu vermeiden. Die Verantwortlichen haben (nachweislich) sicherzustellen, dass der Anfragende und die betroffene Person, deren Daten verarbeitet werden und zu der Auskunft erteilt werden soll, identisch sind.

> 💡 Bestehen Zweifel an der Identität des Anfragenden, können weitere Informationen angefordert werden, bevor eine Auskunft erteilt wird, wobei aber auch hier der Datenschutz (Stichwort: Datensparsamkeit) einzuhalten ist.

5.1.2 Form, Fristen und Kosten der Auskunftserteilung

Der Gesetzgeber schreibt vor, dass die Auskunft in präziser, transparenter, verständlicher und leicht zugänglicher Form sowie in einer klaren und einfachen Sprache zu erfolgen hat. Hierfür hat der datenschutzrechtlich Verantwortliche (= Architekt/Ingenieur) dem Anfragenden (= Betroffenen) eine Kopie der personenbezogenen Daten zur Verfügung zu stellen, die Gegenstand der Verarbeitung sind.

> 💡 Stellt die betroffene Person den Antrag elektronisch, sind die Informationen in einem gängigen elektronischen Format zur Verfügung zu stellen, sofern sie nichts anderes angibt, z.B. (verschlüsseltes) PDF.

Die verantwortliche Person hat die Auskunft unverzüglich, spätestens aber innerhalb eines Monats nach Eingang des Antrags gegenüber dem Betroffenen zu erteilen. Diese Frist kann ausnahmsweise um weitere zwei Monate verlängert werden, wenn dies unter Berücksichtigung der Komplexität und der Anzahl von Anträgen erforderlich ist. Letzteres dürfte in der Regel selten der Fall sein.

Die Erteilung der Auskunft hat für den Betroffenen grundsätzlich unentgeltlich zu erfolgen.

> Verlangt die betroffene Person allerdings mehr als eine Kopie ihrer personenbezogenen Daten, kann der Verantwortliche ein angemessenes Entgelt auf der Grundlage der Verwaltungskosten verlangen.

5.2 Ablehnung der Auskunftserteilung

Keine Regel ohne Ausnahme. So auch bei den Auskunftspflichten bzw. Auskunftsrechten. Denn kann der datenschutzrechtlich Verantwortliche (nachweislich) glaubhaft machen, dass er nicht in der Lage ist, den Antragsteller zu identifizieren, so kann er die Auskunftserteilung mit entsprechender Begründung ablehnen.

Entsprechendes gilt bei offenkundig unbegründeten oder exzessiven Anträgen einer betroffenen Person.

Gemäß § 34 Abs. 1 BDSG besteht darüber hinaus auch dann kein Auskunftsrecht und als Pendant auch keine Auskunftspflicht des Verantwortlichen, wenn die Daten nur deshalb gespeichert sind, weil sie aufgrund gesetzlicher oder satzungsmäßiger Aufbewahrungsfristen nicht gelöscht werden dürfen.

Eine weitere Ausnahme gilt auch dann, wenn

1. die Speicherung der Daten nur noch ausschließlich zu Zwecken der Datensicherung oder der Datenschutzkontrolle dient *und*
2. die Erteilung der Auskunft einen unverhältnismäßigen Aufwand erfordern würde *oder*
3. wenn eine Verarbeitung zu anderen Zwecken durch geeignete technische und organisatorische Maßnahmen ausgeschlossen ist.

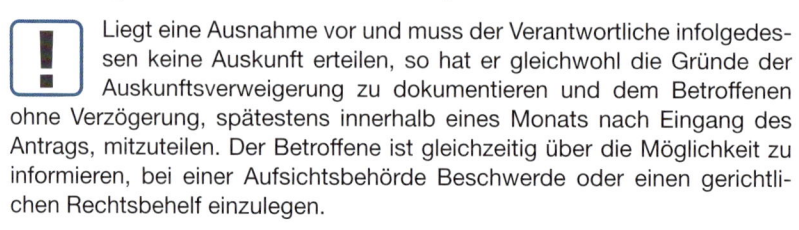

> Liegt eine Ausnahme vor und muss der Verantwortliche infolgedessen keine Auskunft erteilen, so hat er gleichwohl die Gründe der Auskunftsverweigerung zu dokumentieren und dem Betroffenen

ohne Verzögerung, spätestens innerhalb eines Monats nach Eingang des Antrags, mitzuteilen. Der Betroffene ist gleichzeitig über die Möglichkeit zu informieren, bei einer Aufsichtsbehörde Beschwerde oder einen gerichtlichen Rechtsbehelf einzulegen.

6. Weitere Rechte des Betroffenen

Neben den zuvor herausgestellten Rechten von Betroffenen, die entsprechende Pflichten beim Verantwortlichen begründen können, gibt die DSGVO den Betroffenen noch weitere Rechte an die Hand, die nachfolgend kurz aufgeführt werden (nicht abschließend):

6.1 Recht auf Berichtigung, Art. 16 DSGVO

Sind die von Betroffenen verarbeiteten personenbezogenen Daten falsch, nicht mehr aktuell oder unvollständig, hat die betroffene Person ein Recht auf Berichtigung. Der Verantwortliche muss die unrichtigen oder unvollständigen Daten unverzüglich korrigieren. Der Geltendmachung des Rechts auf Berichtigung geht meist ein Auskunftsverlangen voraus, wodurch der Betroffene die Fehler entdeckt.

6.2 Recht auf Löschung („Recht auf Vergessenwerden"), Art. 17 DSGVO

Ein weiteres Recht von Betroffenen ist das Recht auf Löschung. Betroffene können die Löschung ihrer personenbezogenen Daten u.a. dann verlangen, wenn sie für die Zwecke, für die sie erhoben wurden, nicht mehr notwendig sind, der Betroffene seine Einwilligung widerrufen hat *oder* die personenbezogenen Daten unrechtmäßig verarbeitet wurden.

! Verantwortliche haben die Löschung der personenbezogenen Daten aber dann zu unterlassen, wenn z.B. gesetzliche Aufbewahrungsfristen bestehen (z.B. rentenrelevante Unterlagen von Mitarbeitern).

Statt einer Löschung haben Verantwortliche dann die sogenannte Einschränkung der Verarbeitung gemäß § 35 BDSG einzuhalten. Eine Einschränkung der Verarbeitung erfolgt dann, wenn die Löschung nicht oder nur mit unverhältnismäßig hohem Aufwand möglich ist *und* das Interesse des Betroffenen an der Löschung als gering anzusehen ist (siehe unter Punkt 6.3).

Ein Unterfall des Löschungsanspruchs ist das sogenannte Recht auf Vergessenwerden. Es verpflichtet den Verantwortlichen, der die Daten veröffentlicht hat, allen anderen Verantwortlichen, die die Daten (weiter-)verarbeiten, mitzuteilen, dass z.B. alle Links zu diesen Daten oder Kopien davon zu löschen sind.

6.3 Recht auf Einschränkung der Verarbeitung, Art. 18 DSGVO

Das Recht auf Einschränkung der Verarbeitung ermöglicht es dem Betroffenen, eine Sperrung der Datenverarbeitung von einem Verantwortlichen zu verlangen. Die Fallkonstellationen hierzu sind in der Praxis vielfältig. Eine Einschränkung der Datenverarbeitung kann der Betroffene z.B. dann verlangen,

1. wenn die Richtigkeit gespeicherter Daten bestritten wird *und*
2. die Datennutzung für die Dauer der Überprüfung der Richtigkeit ausgesetzt werden soll,
3. die Datenverarbeitung unrechtmäßig ist *und*
4. der Betroffene anstatt der Löschung die Nutzungsbeschränkung wünscht.

6.4 Recht auf Datenübertragbarkeit, Art. 20 DSGVO

Das Recht auf Datenübertragbarkeit gibt der betroffenen Person die Möglichkeit, dass sie die sie betreffenden personenbezogenen Daten, die sie einem Verantwortlichen zuvor bereitgestellt hat, in einem strukturierten, gängigen und maschinenlesbaren Format erhalten kann. Dieses Recht soll insbesondere Anbieterwechsel erleichtern, wie z.B. Strom, Telefon, eine Übertragung von Profilen in sozialen Netzwerken.

6.5 Widerspruchsrecht, Art. 21 DSGVO

Betroffene Personen haben gemäß Art. 21 DSGVO außerdem ein jederzeitiges Widerspruchsrecht gegen eine Verarbeitung ihrer personenbezogenen Daten.

> **!** Verantwortliche haben auf dieses Recht spätestens zum Zeitpunkt der ersten Kommunikation hinzuweisen. Nach erfolgtem Widerspruch dürfen die Daten nicht mehr z.B. zur Direktwerbung genutzt werden.

6.6 Beschwerderecht

Betroffene haben außerdem das Recht, sich jederzeit bei der zuständigen Aufsichtsbehörde zu beschweren, worauf die Verantwortlichen hinzuweisen haben:

- Die Verantwortlichen haben die betroffene Person über die vorgenannten Rechte stets zu informieren. Im Falle der Berichtigung oder Löschung personenbezogener Daten oder der Einschränkung der Verarbeitung ist der Verantwortliche gemäß Art. 19 DSGVO außerdem dazu verpflichtet, allen

Pflichten von Architekten/Ingenieure nach den Vorgaben der DSGVO   VI

Empfängern, denen personenbezogene Daten offengelegt wurden, eine entsprechende Information darüber zukommen zu lassen. Eine Ausnahme gilt nur dann, wenn sich die Mitteilung als unmöglich erweist oder nur mit einem unverhältnismäßigen Aufwand verbunden ist, was in der Praxis äußerst eng zu bewerten ist.
- Der Verantwortliche unterrichtet die betroffene Person über diese Empfänger, wenn die betroffene Person dies verlangt.

7. Dokumentation, Dokumentation, Dokumentation!

Die Dokumentationspflichten des Verantwortlichen haben durch die Vorgaben der DSGVO eine neue Dimension angenommen. Wie sich aus den Datenschutzgrundsätzen und den bisher benannten Betroffenenrechten bereits ergibt, müssen die Verantwortlichen grundsätzlich die Einhaltung der Vorgaben der DSGVO, des BDSG sowie der weiteren datenschutzrechtlichen Bestimmungen im Zweifel nachweisen können.

Zu diesen allgemeinen Anforderungen hat die DSGVO die Nachweispflichten bei der Verarbeitung personenbezogener Daten gegenüber den bisherigen Anforderungen nochmals deutlich ausgeweitet. So heißt es z.B. in Erwägungsgrund 82 zur DSGVO, dass der Verantwortliche oder der Auftragsverarbeiter zum Nachweis der Einhaltung der DSGVO ein *Verzeichnis der Verarbeitungstätigkeiten* zu führen hat. Außerdem soll jeder Verantwortliche und jeder Auftragsverarbeiter verpflichtet sein, mit der Aufsichtsbehörde zusammenzuarbeiten und dieser auf Anfrage das entsprechende Verzeichnis vorzulegen, damit die betreffenden Verarbeitungsvorgänge anhand dieser Verzeichnisse kontrolliert werden können.

Das Verzeichnis der Verarbeitungstätigkeiten wird in Art. 30 DSGVO genau geregelt und ersetzt das nach altem Recht erforderliche Verfahrensverzeichnis bzw. die Verarbeitungsübersicht.

Im Hinterkopf sollte man stets behalten, dass die allgemeine Nachweis- und Dokumentationspflicht für die Rechtmäßigkeit der Verarbeitung personenbezogener Daten durch die DSGVO stark in den Vordergrund gerückt ist. Das Verzeichnis der Verarbeitungstätigkeiten nimmt insoweit eine elementare Rolle ein, wenn es darum geht, die datenschutzrechtlichen Vorgaben einzuhalten und dies auch nachweisen zu können.

7.1 Wie muss das Verzeichnis der Verarbeitungstätigkeiten aussehen?

Das Verzeichnis der Verarbeitungstätigkeiten muss gemäß Art. 30 DSGVO erheblich umfangreicher ausfallen als das nach altem Recht erforderliche Verfahrensverzeichnis. Denn nur dann kann es als Grundlage für die Nachweispflichten der DSGVO dienen.

> **!** Das Verzeichnis der Verarbeitungstätigkeiten kann durch die zuständige Aufsichtsbehörde jederzeit angefordert werden, um entsprechende Kontrollen vorzunehmen. Liegt das Verzeichnis der Verarbeitungstätigkeiten nicht vor oder ist es unvollständig, können Sanktionen drohen.

Um die Ausgestaltung des Verzeichnisses der Verarbeitungstätigkeiten besser nachvollziehen und umsetzen zu können, kann der Vergleich mit der alten Rechtslage hilfreich sein:

7.1.1 Alte Rechtslage zum Verzeichnis der Verarbeitungstätigkeiten

Das BDSG in der alten Fassung schrieb vor, dass es einmal eine allgemein öffentliche Übersicht (sogenanntes Jedermannsverzeichnis) zu den Verarbeitungstätigkeiten zu geben hat, die nur wenige Informationen beinhaltet. Daneben schrieb das BDSG alte Fassung vor, dass zusätzlich ein detaillierteres internes Verfahrensverzeichnis bestehen muss.

Darüber hinaus bestimmte das BDSG alte Fassung, dass für Architekten/Ingenieure Meldepflichten gegenüber den zuständigen Aufsichtsbehörden hinsichtlich bestimmter Verfahren bestehen.

7.1.2 Neue Rechtslage zum Verzeichnis der Verarbeitungstätigkeiten

Die DSGVO hat das zweigliedrige System des BDSG alte Fassung aufgehoben und auch die Meldepflichten insoweit abgeschafft. Nach den Bestimmungen in der DSGVO besteht nach der neuen Rechtslage weder die Möglichkeit zur Einsichtnahme in das Verzeichnis der Verarbeitungstätigkeiten für jedermann noch eine Meldepflicht der Verfahren für die verantwortliche Stelle.

Das Verzeichnis der Verarbeitungstätigkeiten muss durch den datenschutzrechtlich Verantwortlichen erstellt und fortlaufend geführt, d.h. auf dem aktuellen Stand gehalten werden, Art. 30 Abs. 1 DSGVO, und – das ist neu –

dies gilt auch für jeden Auftragsverarbeiter für die Auftragsverarbeitung, Art. 30 Abs. 2 DSGVO.

Die Verantwortlichen können die Erstellung an dafür qualifizierte Personen delegieren (z.B. interne/externe Datenschutzbeauftragte). Sie bleiben aber gleichwohl rechtlich verantwortlich für die Richtigkeit und Vollständigkeit des Verzeichnisses der Verarbeitungstätigkeiten.

Sind Architekten/Ingenieure den Anforderungen des BDSG alte Fassung bereits nachgekommen und haben infolgedessen ein internes Verfahrensverzeichnis geführt, kann daraus vergleichsweise einfach ein Verzeichnis der Verarbeitungstätigkeiten gemäß den Anforderungen der DSGVO erstellt werden.

7.1.3 Wie sieht die praktische Umsetzung des Verzeichnisses der Verarbeitungstätigkeiten aus?

Wie gesagt verpflichtet Art. 30 DSGVO die Verantwortlichen (und Auftragsverarbeiter) dazu, ein Verzeichnis ihrer Verarbeitungstätigkeiten zu führen. Dieses Verzeichnis dient der Transparenz über die Verarbeitung personenbezogener Daten und der rechtlichen Absicherung von Architekten/Ingenieuren.

Im ersten Schritt sollte dem Verzeichnis der Verarbeitungstätigkeiten ein Stammblatt vorangestellt werden. In diesem Stammblatt sind die Informationen zum Verantwortlichen, zur Aufsichtsbehörde und zu einem etwaigen Datenschutzbeauftragten enthalten. Auf der folgenden Seite findet sich ein Beispiel für das Stammblatt. Dies stellt nur eine mögliche beispielhafte Umsetzung dar und kann in der Praxis auch abweichend ausgestaltet werden.

VI IT-Sicherheit und Datenschutz im Planungsbüro

Verzeichnis der Verarbeitungstätigkeiten
Art. 30 DSGVO

Angaben zum Verantwortlichen, Art. 30 Abs. 1 lit. a DSGVO

Name/Firma

Straße

PLZ, Ort

Angaben und Kontaktdaten des gesetzlichen Vertreters

Name, Vorname

Stellung im Unternehmen

Telefon

Mobilfunknummer

E-Mail

Angaben zum Datenschutzbeauftragten (sofern erforderlich und soweit vorhanden)

Name, Vorname

Anschrift

Telefon

E-Mail

Zuständige Datenschutzbehörde

Name

Anschrift

Telefon

E-Mail

Die Anforderungen an den Inhalt des Verzeichnisses für Verarbeitungstätigkeiten werden in Art. 30 DSGVO normiert und ähneln dem der zuvor erforderlichen Verfahrensverzeichnisse nach dem BDSG alte Fassung.

! Gleichwohl gibt es Unterschiede, die in der Praxis zu berücksichtigen sind. Denn die Anforderungen differenzieren z.b. auch danach, ob es sich um das Verzeichnis der verantwortlichen Stelle oder des Auftragsverarbeiters für die Auftragsverarbeitung handelt.

Das Verzeichnis der Verarbeitungstätigkeiten des Verantwortlichen ist nach Art. 30 Abs. 1 DSGVO zu erstellen und umfangreicher. Demnach müssen die wesentlichen Angaben zur Verarbeitung personenbezogener Daten gemacht werden, wie z.b. der Zweck der Verarbeitung, die Datenkategorien, der Kreis der betroffenen Personen und die Datenempfänger.

Die Anforderungen für das entsprechende Verzeichnis für Auftragsverarbeiter sind überschaubarer. Allerdings muss jedes Verzeichnis eine allgemeine Beschreibung der technischen und organisatorischen Maßnahmen gemäß Art. 32 Abs. 1 DSGVO beinhalten.

> 💡 Die Beschreibung sollte so konkret erfolgen, dass die Aufsichtsbehörde sich einen guten Überblick über die angewendeten Datensicherheitsmaßnahmen machen kann.

Sowohl das Verzeichnis der Verarbeitungstätigkeiten der verantwortlichen Stelle als auch das des Auftragsverarbeiters für die Auftragsverarbeitung sind gemäß Art. 30 Abs. 3 DSGVO schriftlich oder in elektronischer Form (Textform) zu führen.

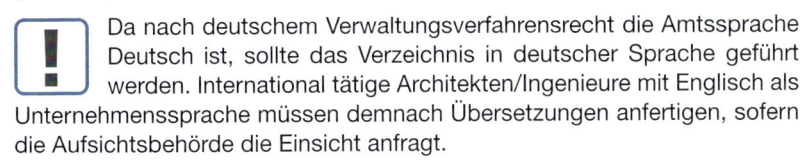

> ❗ Da nach deutschem Verwaltungsverfahrensrecht die Amtssprache Deutsch ist, sollte das Verzeichnis in deutscher Sprache geführt werden. International tätige Architekten/Ingenieure mit Englisch als Unternehmenssprache müssen demnach Übersetzungen anfertigen, sofern die Aufsichtsbehörde die Einsicht anfragt.

Inhaltlich enthält ein Verzeichnis der Verarbeitungstätigkeiten zusätzlich sogenannte Verfahrensbeschreibungen. Darin werden die Verarbeitungsschritte von personenbezogenen Daten in den unterschiedlichen Bereichen dokumentiert. Aus den Dokumenten muss hervorgehen, welche personenbezogenen Daten das Planungsbüro mithilfe welcher Verfahren auf welche Weise verarbeitet und welche technischen und organisatorischen Maßnahmen (TOM) zum Schutz dieser Daten dabei getroffen wurden.

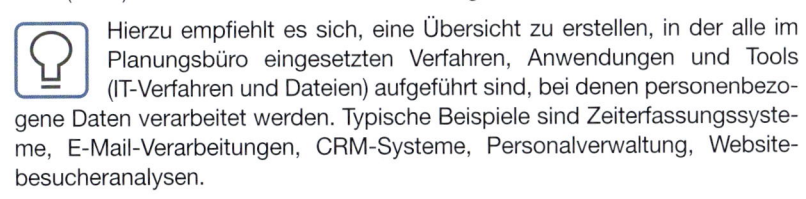

> 💡 Hierzu empfiehlt es sich, eine Übersicht zu erstellen, in der alle im Planungsbüro eingesetzten Verfahren, Anwendungen und Tools (IT-Verfahren und Dateien) aufgeführt sind, bei denen personenbezogene Daten verarbeitet werden. Typische Beispiele sind Zeiterfassungssysteme, E-Mail-Verarbeitungen, CRM-Systeme, Personalverwaltung, Websitebesucheranalysen.

Beispielhaft kann das Verzeichnis der Verarbeitungstätigkeiten für die allgemeine Kundenverwaltung so aussehen:

VI IT-Sicherheit und Datenschutz im Planungsbüro

Verzeichnis der Verarbeitungstätigkeiten
Verzeichnis für die allgemeine Kundenverwaltung

Verzeichnis Nr. 1

☐ Ersterstellung
☐ Änderung eines bestehenden Verzeichnisses

Erstellungsdatum: ....

Bezeichnung der Verarbeitungstätigkeit: ....

I. **Angaben zur Verantwortlichkeit, Art. 30 Abs. 1 lit. b DSGVO**
   1. Verantwortlicher Fachbereich
      .... Geschäftsführung, Administration/Büromanagement

II. **Angaben zur Verarbeitungstätigkeit**
   1. Risikobewertung: Besteht bei der Verarbeitung ein hohes Risiko für die betroffenen Personen?
      ☐ Nein
      ☐ Ja
   2. Zwecke der Verarbeitung/der Verarbeitungstätigkeit
      - Vertragsdurchführung
      - Abrechnung/Buchhaltung
      - Beratung/Kundenberatung
      - Terminvereinbarungen
      - Inkasso
      - Durchführung elektronischer Kommunikation
      - Informationserteilung
      - Imagepflege/Marketing
      - Dokumentation und Verwaltung von Kundenbeziehungen
      - Neukundenakquise, Kundenbindungsmaßnahmen
      - Beschwerdemanagement
   3. Rechtsgrundlage der Verarbeitung/der Verarbeitungstätigkeit
      - Vertragsanbahnung und Vertragsdurchführung gemäß Art. 6 Abs. 1 lit. b DSGVO
      - Wahrung berechtigter Interessen des Verantwortlichen gemäß Art. 6 Abs. 1 lit. f DSGVO (berechtigtes Interesse: Kundenakquise und Beratungsleistungen sind Wesensmerkmal eines Planungsbüros; Kundenverwaltung dient Kundenbetreuung bei Ausfällen von Mitarbeitern und stellt Kundenzufriedenheit sicher)
   4. Beschreibung der Kategorien betroffener Personen und der Kategorien personenbezogener Daten, Art. 30 Abs. 1 lit. c DSGVO

      4.1 Betroffene Personengruppen
         Kunden (Daten werden vom Betroffenen selbst erhoben)
         ....

      4.2 Kategorien
         Namen/Vornamen, Adressdaten, E-Mail, Telefon, Vertragsstammdaten, ggf. Bankdaten
         ....

Pflichten von Architekten/Ingenieure nach den Vorgaben der DSGVO — VI

5. **Kategorien von Empfängern, denen die Daten offengelegt worden sind oder noch offengelegt werden, Art. 30 Abs. 1 lit. d DSGVO**

   5.1 Interne Empfänger

   Arbeitnehmer/-innen, Büromanagement, Geschäftsführung

   5.2 Externe Empfänger

   Finanzamt, Steuerberater, Bank, Post, Lieferanten, Verkäufer/Großhändler zum Zweck der Direktlieferung, ggf. Rechtsanwälte, Telefonanbieter, ggf. Kundendienst des Herstellers

   5.3 Vertragliche Dienstleister
   (Vertrag der Auftragsdatenverarbeitung als Anlage beifügen)

   Rechnungsprogramm

   Muster GmbH

   Musterstraße 1

   12345 Musterstadt

   Fernwartung und Software

   Muster GmbH

   Musterstraße 1

   12345 Musterstadt

6. **Datenübermittlungen in Drittländer oder an internationale Organisationen, Art. 30 Abs. 1 lit. e DSGVO**

   ☐ Nein

   ☐ Ja

7. **Fristen für die Löschung, Art. 30 Abs. 1 lit. f DSGVO**

   Die Daten werden gelöscht, wenn sie für die Erfüllung des Zwecks nicht mehr erforderlich sind und keine gesetzlichen Aufbewahrungspflichten bestehen.

8. **Allgemeine Beschreibung der technischen und organisatorischen Maßnahmen, Art. 30 Abs. 1 lit. g i.V.m. Art. 32 Abs. 1 DSGVO**

   - Es werden regelmäßige Updates aufgespielt, Sicherheitsupdates durchgeführt und der Zugriff durch Passwortvergabe eingeschränkt, um die Fähigkeit, die Integrität, die Vertraulichkeit, die Verfügbarkeit sowie die Belastbarkeit der Systeme und Dienste im Zusammenhang mit der Datenverarbeitung dauerhaft sicherzustellen;
   - durch regelmäßige Sicherheitsupdates wird die Fähigkeit, die Verfügbarkeit der personenbezogenen Daten und den Zugang zu ihnen bei einem physischen oder technischen Zwischenfall schnell wiederherzustellen, erhalten;
   - die technischen und organisatorischen Maßnahmen (TOM) werden regelmäßig überprüft und auf Sicherheitslücken untersucht sowie bei Bedarf angepasst;
   - insbesondere werden folgende TOM getroffen:
     ☐ Automatisches Update des Betriebssystems ist aktiviert.
     ☐ Automatisches Update des Browsers ist aktiviert.
     ☐ Backups werden regelmäßig (wöchentlich) erstellt.
     ☐ dezentrale Datensicherung
     ☐ Es werden ein aktueller Virenscanner und Sicherheitssoftware verwendet.
     ☐ Papieraktenvernichtung mit Standard-Schredder
   - Berechtigter Zugang ist nur mit Schlüssel möglich.
   - Rauchmelder sind installiert.

   8.1 Art der eingesetzten Datenverarbeitungsanlagen und Software *(optional)*

   ☐ PC

   ☐ Telefon

   ☐ Software: ....

   8.2 Konkrete Beschreibung der technischen und organisatorischen Maßnahmen, Art. 30 Abs. 1 lit. g i.V.m. Art. 32 Abs. 1 DSGVO

   Siehe Anlage 1: Technische und organisatorische Maßnahmen

> Das Beispiel dient nur der Veranschaulichung und ersetzt keine Rechtsberatung im Einzelfall. Eine Liste mit Beispielen für technische und organisatorische Maßnahmen ist gegen Ende des Texts zu finden.

Für weitere Verarbeitungsvorgänge sollte das Verzeichnis dann in fortlaufender Nummerierung entsprechend fortgeführt werden.

7.2 Wer muss ein Verzeichnis von Verarbeitungstätigkeiten führen?

Wie einleitend zu diesem Abschnitt bereits benannt, ergibt sich die Pflicht für den Verantwortlichen und den Auftragsverarbeiter zur Erstellung und Führung des Verzeichnisses der Verarbeitungstätigkeiten aus Art. 30 DSGVO. Der Umfang der Dokumentationspflicht umfasst sämtliche Verarbeitungstätigkeiten des Verantwortlichen.

Das heißt also, dass grundsätzlich *jede* verantwortliche Stelle der Pflicht zur Erstellung und Führung eines Verzeichnisses von Verarbeitungstätigkeiten unterliegt. Eine gewisse Erleichterung gibt es (theoretisch) jedoch für Planungsbüros oder Einrichtungen mit weniger als 250 Mitarbeitern.

Denn diese könnten laut Art. 30 Abs. 5 DSGVO von der Führung eines Verzeichnisses befreit sein, sofern

1. die Verarbeitungen von personenbezogenen Daten kein Risiko für die Rechte und Freiheiten der betroffenen Personen bergen,
2. nur gelegentlich erfolgen *oder*
3. keine besonderen Datenkategorien gemäß Art. 9 Abs. 1 DSGVO (z.B. Gesundheitsdaten) *oder*
4. strafrechtliche Verurteilungen und Straftaten im Sinne von Art. 10 DSGVO betreffen.

> Liegt nur eine dieser Fallgruppen vor, greift die Ausnahme nicht und es besteht die Pflicht zur Verzeichnisführung. In der Praxis werden allein aus diesem Grund nur wenige Planungsbüros und Einrichtungen von der Pflicht zur Führung eines Verarbeitungsverzeichnisses entbunden sein.

Insbesondere die Ausnahme, dass die Verarbeitung nur gelegentlich erfolgen darf, wird dazu führen, dass ein Verzeichnis praktisch doch immer geführt werden muss. Allein Lohn- und Gehaltsabrechnungen erfolgen regelmäßig und nicht nur gelegentlich und da dabei in der Regel auch Religions- und Gesundheitsdaten (Krankheitstage) betroffen sind, wird in praktisch allen

Planungsbüros und Einrichtungen ein Verzeichnis für Verarbeitungstätigkeiten erforderlich sein.

Für kleinere Planungsbüros und Einrichtungen bedeutet dies einen erheblichen zusätzlichen bürokratischen Aufwand.

7.3 Bußgelder bei Pflichtverletzung

Ein Verzeichnis der Verarbeitungstätigkeiten zu führen, ist keine gänzlich neue Pflicht der DSGVO. Denn wie ausgeführt, gab es eine anders ausgestaltete Pflicht auch nach den Vorgaben des BDSG alte Fassung. Allerdings wurde die Erfüllung dieser Pflichten in vielen Planungsbüros vernachlässigt, verschoben oder eher halbherzig erledigt, da (wenn überhaupt Prüfungen erfolgten) die Bußgelder bei Verstößen eher gering ausfielen.

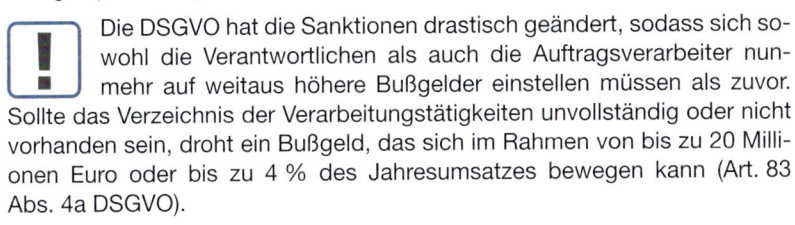

! Die DSGVO hat die Sanktionen drastisch geändert, sodass sich sowohl die Verantwortlichen als auch die Auftragsverarbeiter nunmehr auf weitaus höhere Bußgelder einstellen müssen als zuvor. Sollte das Verzeichnis der Verarbeitungstätigkeiten unvollständig oder nicht vorhanden sein, droht ein Bußgeld, das sich im Rahmen von bis zu 20 Millionen Euro oder bis zu 4 % des Jahresumsatzes bewegen kann (Art. 83 Abs. 4a DSGVO).

Praxistipps zur Erstellung des Verzeichnisses von Verarbeitungstätigkeiten:

- Das Vorgehen bei der Erstellung des Verzeichnisses von Verarbeitungstätigkeiten sollte sich am Aufbau und an den Abläufen des jeweiligen Planungsbüros orientieren. Gleichzeitig muss das Verarbeitungsverzeichnis aber auch so strukturiert sein, dass es den Anforderungen aus Art. 5 Abs. 2 DSGVO (Rechenschaftspflicht) sowie Art. 24 und 30 DSGVO genügt.
- Um unnötige bzw. eine doppelte Dokumentation zu vermeiden, empfiehlt es sich, im Verzeichnis der Verarbeitungstätigkeiten auf andere geforderte Dokumente zu verweisen, u.a. auf das Datenschutzkonzept oder das Löschkonzept. Diese Konzepte müssen im Bedarfsfall dann auch der Aufsichtsbehörde vorgelegt werden.
- Bei der Erstellung des Verzeichnisses von Verarbeitungstätigkeiten sind Detailkenntnisse über die einzelnen Verfahren unabdingbar. Deshalb dürfte es für eine einzelne Person (z.B. den Datenschutzbeauftragten) unmöglich sein, das Verzeichnis für die verantwortliche Stelle allein zu erstellen und zu pflegen. Teamwork kann hier helfen.

8. Der betriebliche Datenschutzbeauftragte: Pflicht oder Kür?

Eine in der Praxis immer wieder auftauchende und relevante Frage ist: Muss ich einen (internen/externen) Datenschutzbeauftragten für mein Planungsbüro bestellen?

8.1 Datenschutzbeauftragter nach DSGVO und BDSG

Sowohl die DSGVO als auch das BDSG geben vor, wann und unter welchen Bedingungen die Pflicht zur Bestellung eines Datenschutzbeauftragten besteht. Gemäß Art. 37 DSGVO besteht die Pflicht für den Verantwortlichen (und für den Auftragsverarbeiter), einen Datenschutzbeauftragten zu bestellen, wenn

1. die Verarbeitung von einer Behörde oder öffentlichen Stelle durchgeführt wird, mit Ausnahme von Gerichten, soweit sie im Rahmen ihrer justiziellen Tätigkeit handeln,
2. die Kerntätigkeit des Verantwortlichen oder des Auftragsverarbeiters in der Durchführung von Verarbeitungsvorgängen besteht, die aufgrund ihrer Art, ihres Umfangs und/oder ihrer Zwecke eine umfangreiche regelmäßige und systematische Überwachung von betroffenen Personen erforderlich machen, oder
3. die Kerntätigkeit des Verantwortlichen oder des Auftragsverarbeiters in der umfangreichen Verarbeitung besonderer Kategorien von Daten gemäß Art. 9 DSGVO oder von personenbezogenen Daten über strafrechtliche Verurteilungen und Straftaten gemäß Art. 10 DSGVO besteht.

> In der Praxis von selbstständigen Architekten/Ingnieuren und kleineren Planungsbüros dürfte die Pflicht zur Bestellung eines Datenschutzbeauftragten nach diesen Vorgaben in der Regel nicht bestehen. Gleichwohl können auch solche Architekten/Ingenieure/kleinen Planungsbüros freiwillig einen (internen/externen) Datenschutzbeauftragten bestellen, um die damit verbundenen Arbeiten zu delegieren und sich auf die eigentliche Kerntätigkeit im Betrieb konzentrieren zu können.

Entfällt die Pflicht zur Bestellung eines Datenschutzbeauftragten nach der DSGVO, ist darüber hinaus aber ein Blick ins BDSG zu werfen. Denn neben den Fallgruppen der DSGVO beinhaltet § 38 BDSG eine Regelung zur Bestellung des Datenschutzbeauftragten, die sich, ergänzend zur DSGVO, speziell an „nicht öffentliche" Stellen richtet. Was heißt das jetzt?

Gemäß § 38 BDSG haben der Verantwortliche und der Auftragsverarbeiter einen Datenschutzbeauftragten zu bestellen, soweit sie in der Regel *mindes-*

VI Pflichten von Architekten/Ingenieure nach den Vorgaben der DSGVO

tens 20 Personen ständig mit der automatisierten Verarbeitung personenbezogener Daten beschäftigen.

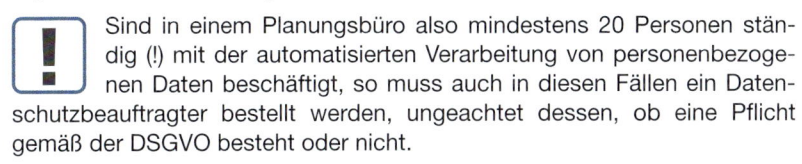

! Sind in einem Planungsbüro also mindestens 20 Personen ständig (!) mit der automatisierten Verarbeitung von personenbezogenen Daten beschäftigt, so muss auch in diesen Fällen ein Datenschutzbeauftragter bestellt werden, ungeachtet dessen, ob eine Pflicht gemäß der DSGVO besteht oder nicht.

Entfällt die Pflicht zur Bestellung eines Datenschutzbeauftragten sowohl nach der DSGVO als auch nach dem BDSG, heißt das nicht, dass die Vorgaben des Datenschutzrechts nicht einzuhalten wären. Für Architekten/Ingenieure entfällt nur genau eine Pflicht: diejenige, einen Datenschutzbeauftragten zu benennen.

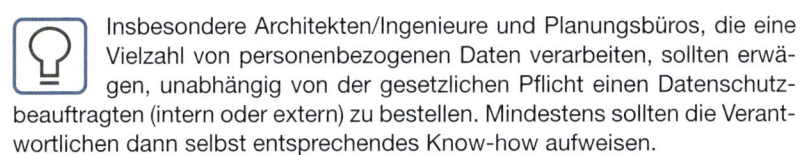

💡 Insbesondere Architekten/Ingenieure und Planungsbüros, die eine Vielzahl von personenbezogenen Daten verarbeiten, sollten erwägen, unabhängig von der gesetzlichen Pflicht einen Datenschutzbeauftragten (intern oder extern) zu bestellen. Mindestens sollten die Verantwortlichen dann selbst entsprechendes Know-how aufweisen.

Ergänzend bleibt der Vollständigkeit halber noch festzuhalten, dass ein Datenschutzbeauftragter, unabhängig von der Personenzahl, auch dann zu bestellen ist, wenn der Verantwortliche oder ein Auftragsverarbeiter Verarbeitungen vornehmen, die

- einer Datenschutz-Folgenabschätzung nach Art. 35 DSGVO unterliegen oder
- geschäftsmäßig zum Zwecke der Übermittlung erfolgen.

Ebenso müssen Behörden oder öffentliche Stellen einen Datenschutzbeauftragten, unabhängig von der Personenzahl, benennen.

8.2 Interner, externer sowie Konzern-Datenschutzbeauftragter

Wie unter 8.1. schon erwähnt kann ein Datenschutzbeauftragter sowohl aus internen als auch aus externen Kreisen bestellt werden. Hierzu heißt es in Art. 37 Abs. 6 DSGVO:

„Der Datenschutzbeauftragte kann Beschäftigter des Verantwortlichen oder des Auftragsverarbeiters sein oder seine Aufgaben auf der Grundlage eines Dienstleistungsvertrags erfüllen."

Die Möglichkeiten eines internen oder externen Datenschutzbeauftragten bestanden auch schon nach altem Recht. Neu ist durch die DSGVO hinzugekommen, dass nunmehr auch die Möglichkeit für Unternehmensgruppen besteht, einen gemeinsamen Datenschutzbeauftragten zu ernennen, sofern der Datenschutzbeauftragte von jeder Niederlassung aus leicht erreicht werden kann, Art. 37 Abs. 2 DSGVO.

Von einer leichten Erreichbarkeit kann man grundsätzlich dann ausgehen, wenn sowohl die persönliche als auch die sprachliche Erreichbarkeit des Datenschutzbeauftragten gewährleistet sind. Innerhalb des jeweiligen Planungsbüros sind hierfür insbesondere entsprechend ausreichende Vorkehrungen zu treffen, die es den Betroffenen oder anderen Stellen ermöglichen, den Datenschutzbeauftragten zu erreichen.

Beispiele:
- Einrichtung einer Hotline
- Kontaktformular auf der Homepage
- Sprechstunde für Beschäftigte im Büro
- etc.

8.3 Anforderungen an den und Stellung des Datenschutzbeauftragten

Kommt man nun der Pflicht zur Bestellung eines Datenschutzbeauftragten nach oder entscheidet man sich zur Arbeitserleichterung freiwillig dazu, ist zu klären,

1. wer dafür geeignet ist und
2. welche Stellung der Datenschutzbeauftragte im Planungsbüro einnimmt.

8.3.1 Anforderungen an den Datenschutzbeauftragten

Zunächst bleibt festzuhalten, dass keine gesetzlich vorgeschriebene Ausbildung oder dergleichen für die Tätigkeit des Datenschutzbeauftragten existiert.

Gleichwohl muss sichergestellt sein, dass der Datenschutzbeauftragte – egal ob intern oder extern – entsprechend seinen Aufgaben qualifiziert ist.

> **!** Bei der Bestellung eines internen Datenschutzbeauftragten muss der Arbeitgeber (= Architekt/Ingenieur) diesen (bezahlt) von der Arbeit freistellen, sodass er (= Datenschutzbeauftragter) ausreichend

Zeit hat, seine Aufgaben als Datenschutzbeauftragter wahrzunehmen. Hinzu kommt, dass der interne Datenschutzbeauftragte zu Fortbildungsveranstaltungen ebenfalls bezahlt freizustellen ist, wobei der Verantwortliche in der Regel auch die Kosten der Fortbildung zu zahlen hat.

Als interne Datenschutzbeauftragte entfallen in der Regel auch die Personen, die sich dadurch selbst kontrollieren würden bzw. allgemein, bei denen es zu einem Interessenkonflikt käme. Beispiele: Geschäftsleitung, die Mitarbeiter der IT-Abteilung etc.

Eine Abberufung des (internen) Datenschutzbeauftragten ist nur aus wichtigem Grund in entsprechender Anwendung des § 626 BGB zulässig.

> **!** Nach dem Ende der Tätigkeit als interner Datenschutzbeauftragter ist die Kündigung des Arbeitsverhältnisses innerhalb eines Jahres unzulässig.

Bei einem externen Datenschutzbeauftragten entfällt dies alles in der Regel. Diese werden aufgrund eines Dienstleistungsvertrags für den Verantwortlichen tätig. Aus diesem Vertrag ergeben sich dann auch die Vereinbarungen zur Vergütung, die Kostenverteilung für Fortbildungen, die Haftung, die Kündigung etc.

> 💡 Architekten/Ingenieure sollten hier die diversen Anbieter am Markt genau vergleichen, da sich Preise und Leistungen zum Teil erheblich unterscheiden.

8.3.2 Stellung des Datenschutzbeauftragten

Der Verantwortliche und der Auftragsverarbeiter haben sicherzustellen, dass der Datenschutzbeauftragte bei der Erfüllung seiner Aufgaben keine Anweisungen bezüglich der Ausübung dieser Aufgaben erhält. Der Datenschutzbeauftragte muss also weisungsfrei tätig werden können. Der Datenschutzbeauftragte berichtet unmittelbar der höchsten Managementebene des Verantwortlichen oder des Auftragsverarbeiters. Er ist also in der Praxis dem Architekten/Ingenieur als Verantwortlichen zur Rechenschaft verpflichtet.

> **!** Der Datenschutzbeauftragte darf aber weder vom Verantwortlichen noch vom Auftragsverarbeiter wegen der Erfüllung seiner Aufgaben abberufen oder benachteiligt werden.

8.3.3 Aufgaben des Datenschutzbeauftragten

Dem Datenschutzbeauftragten obliegen gemäß Art. 39 DSGVO mindestens folgende Aufgaben:

1. Unterrichtung und Beratung des Verantwortlichen oder des Auftragsverarbeiters und der Beschäftigten, die Verarbeitungen durchführen, hinsichtlich ihrer Pflichten nach der DSGVO sowie nach sonstigen Datenschutzvorschriften
2. Überwachung der Einhaltung der DSGVO, anderer Datenschutzvorschriften sowie der Strategien des Verantwortlichen oder des Auftragsverarbeiters für den Schutz personenbezogener Daten einschließlich der Zuweisung von Zuständigkeiten, der Sensibilisierung und Schulung der an den Verarbeitungsvorgängen beteiligten Mitarbeiter und der diesbezüglichen Überprüfungen
3. Beratung – auf Anfrage – im Zusammenhang mit der Datenschutz-Folgenabschätzung und Überwachung ihrer Durchführung gemäß Art. 35 DSGVO
4. Zusammenarbeit mit der Aufsichtsbehörde
5. Tätigkeit als Anlaufstelle für die Aufsichtsbehörde in mit der Verarbeitung zusammenhängenden Fragen und ggf. Beratung zu allen sonstigen Fragen

8.3.4 Bestellung des Datenschutzbeauftragten + Meldung an die Aufsichtsbehörden

Die Bestellung eines Datenschutzbeauftragten sollte aus Nachweis- und Dokumentationsgründen schriftlich erfolgen.

Anders als zur alten Rechtslage müssen Verantwortliche und Auftragsverarbeiter die Kontaktdaten ihres Datenschutzbeauftragten nun auch veröffentlichen und diese der zuständigen Aufsichtsbehörde mitteilen (Art. 37 Abs. 7 DSGVO).

Einige Aufsichtsbehörden ermöglichen die Meldung via Online-Formular, das auf der Webseite der jeweiligen Aufsichtsbehörde auszufüllen und abzuschicken ist. Andere stellen ein Muster zur Verfügung, mit dem die Meldung des Datenschutzbeauftragten zu erfolgen hat. Architekten/Ingenieure sollten vorab prüfen, welche Anforderungen die für sie zuständige Aufsichtsbehörde an die Meldung stellt. Zuständig ist die Aufsichtsbehörde in dem Bundesland, in dem der verantwortliche Architekt/Ingenieur seinen Sitz hat.

Aufgrund der Veröffentlichungspflicht in Art. 37 Abs. 7 DSGVO ist es für Architekten/Ingenieure ratsam, die Kontaktdaten des Datenschutzbeauftragten sowohl innerhalb des Planungsbüros als auch z.b. auf der Homepage für außenstehende Dritte zu veröffentlichen.

Zu den zu veröffentlichenden Kontaktdaten des Datenschutzbeauftragten gehören mindestens folgende Informationen:

1. (betriebliche) Adresse
2. (betriebliche) Telefonnummer
3. (betriebliche) E-Mail-Adresse

Art. 37 Abs. 7 DSGVO gibt *nicht* verpflichtend vor, dass auch der Name des Datenschutzbeauftragten zu den zu veröffentlichenden Daten gehört. Wird der Name nicht veröffentlicht, sollten die Verantwortlichen jedoch die weitere Rechtsprechung bzw. die Auffassung der jeweiligen Aufsichtsbehörde genauestens verfolgen und etwaige Änderungen diesbezüglich umsetzen.

Ein unverbindliches Muster für die Bestellung eines (internen) betrieblichen Datenschutzbeauftragten ist als Download beigefügt.

9. Auftrags(daten)verarbeitung

In der Praxis bedient sich die Mehrzahl der Architekten/Ingenieure für unterschiedliche Datenverarbeitungsvorgänge externer Anbieter. Ein Klassiker ist der Hoster der Webseite. Datenschutzrechtlich ist hier zu beachten, dass unter Umständen ein Vertrag über Auftragsverarbeitung (ehemals: Auftragsdatenverarbeitung) geschlossen werden muss, wenn ein externer, weisungs*abhängiger* Dienstleister mit der Verarbeitung personenbezogener Daten beauftragt wird.

Bei Auftragsverarbeitungsdienstleistern kann es sich z.B. (nicht abschließend) um Gehaltsabrechnungsbüros, Datenträgerentsorger, Werbe- bzw. Marketingagenturen, Cloud-Computing-Anbieter, Web- bzw. E-Mail-Hoster oder auch freie Mitarbeiter handeln.

Speziell bei Architekten/Ingenieuren kommt noch die Besonderheit hinzu, dass sie in der Regel im Dreiecksverhältnis zum Bauherrn und den eingeschalteten Handwerksbetrieben stehen. Hier muss im Einzelfall genau geprüft werden, ob Architekten/Ingenieure „Auftragsverarbeiter" im vorgenannten Sinn gegenüber dem Bauherrn (oder umgekehrt) sind und ob infolgedessen ein Vertrag über die Auftragsverarbeitung mit dem Bauherrn geschlossen werden muss. Im Zweifel sollten sich Architekten/Ingenieure fachkundigen Rat einholen.

VI IT-Sicherheit und Datenschutz im Planungsbüro

> **!** Steuerberater und Rechtsanwälte sind in der Regel keine Auftragsverarbeiter, da sie nicht weisungsgebunden sind.

Der in den einschlägigen Fällen abzuschließende Auftragsverarbeitungsvertrag regelt Rechte und Pflichten des Verantwortlichen und des Auftragsverarbeiters sowie unter Umständen hinsichtlich einzusetzender Subdienstleister.

Hierdurch soll insbesondere gewährleistet werden, dass der Auftragsverarbeiter die ihm anvertrauten Daten nur zu Zwecken verarbeitet, für die der Verantwortliche die Daten rechtmäßig erhoben hat. Außerdem wird durch den Auftragsverarbeitungsvertrag sichergestellt – und das ist der Praxis hinsichtlich der Haftung des Verantwortlichen besonders wichtig –, dass der Auftragsverarbeiter die Pflicht innehat, die Daten in entsprechendem Maße zu schützen. Um dies dann auch tatsächlich zu gewährleisten, sind dem Verantwortlichen im Auftragsverarbeitungsvertrag diesbezüglich umfassende Kontrollrechte einzuräumen.

Was muss ein Auftragsverarbeitungsvertrag konkret beinhalten?

Die einzelnen Rechte und Pflichten des Verantwortlichen und des Auftragsverarbeiters bei der Auftragsverarbeitung regelt Art. 28 DSGVO.

Die dort aufgeführten Mindestanforderungen müssen im Auftragsverarbeitungsvertrag enthalten sein. Sie können und sollten aber für den jeweiligen Einzelfall vertraglich ausgestaltet bzw. an den jeweiligen Dienstleister und seine Tätigkeiten angepasst werden:

1. Gegenstand und Dauer der Verarbeitung
2. Art und Zweck der Verarbeitung
3. Art der personenbezogenen Daten, Kreis betroffener Personen
4. Umfang der Weisungsbefugnisse
5. Pflichten und Rechte des Verantwortlichen
6. Pflichten des Auftragsverarbeiters:
    a) Verarbeitung nach dokumentierter Weisung
    b) Wahrung der Vertraulichkeit bzw. Verschwiegenheit
    c) Ergreifung geeigneter Maßnahmen für die eigene Sicherheit der Verarbeitung
    d) rechtmäßige Hinzuziehung von Subunternehmen
    e) Unterstützung des Verantwortlichen bei der Beantwortung von Anträgen betroffener Personen
    f) Unterstützung des Verantwortlichen bei der Einhaltung dessen Pflichten aus Art. 32 bis 36 DSGVO

7. Ergreifung geeigneter Maßnahmen für die Sicherheit der Verarbeitung
8. Meldung von Verletzungen des Schutzes personenbezogener Daten an die Aufsichtsbehörde
9. Benachrichtigung der von einer Verletzung des Schutzes personenbezogener Daten betroffenen Person
10. Durchführung einer Datenschutz-Folgenabschätzung
11. Konsultierung der Aufsichtsbehörde bei Verarbeitung mit hohen Risiken
12. Löschung oder Rückgabe nach Beendigung des Auftrags
13. Zurverfügungstellung von Informationen und Ermöglichung von Überprüfungen

Ein wesentlicher Bestandteil des Auftragsverarbeitungsvertrags sollte die Anlage zu den technischen und organisatorischen Maßnahmen sein, mit denen der Auftragsverarbeiter den Datenschutz und die Datensicherheit der ihm überlassenen Daten dokumentiert und aus denen hervorgeht, dass dies auch (technisch und organisatorisch) gewährleistet ist.

Im Zweifel sollten sich Architekten/Ingenieure bei der Erstellung und Ausgestaltung eines Auftragsverarbeitungsvertrags vorab fachkundigen Rat einholen.

VI IT-Sicherheit und Datenschutz im Planungsbüro

VII
IT-Sicherheit und Datenschutzorganisation in Planungsbüros (TOM)

VII IT-Sicherheit und Datenschutz im Planungsbüro

1. Die „acht Gebote"

Wenn in einem Planungsbüro – wie im Regelfall – personenbezogene Daten verarbeitet werden, muss der Verantwortliche die innerbetriebliche Organisation so ausgestalten, dass sie den besonderen Anforderungen des Datenschutzes vollumfänglich gerecht wird. Dabei sind insbesondere technische und organisatorische Maßnahmen (TOM) zu treffen, die je nach Art und Umfang der zu schützenden personenbezogenen Daten oder Datenkategorien geeignet sind,

1. Unbefugten den Zutritt zu Datenverarbeitungsanlagen, mit denen personenbezogene Daten verarbeitet oder genutzt werden, zu verwehren *(Zutrittskontrolle)*,
2. zu verhindern, dass Datenverarbeitungssysteme von Unbefugten genutzt werden können *(Zugangskontrolle)*,
3. zu gewährleisten, dass die zur Benutzung eines Datenverarbeitungssystems Berechtigten ausschließlich auf die Daten zugreifen können, die ihre Zugriffsberechtigung umfasst, und dass personenbezogene Daten bei der Verarbeitung, Nutzung und nach der Speicherung nicht unbefugt gelesen, kopiert, verändert oder entfernt werden können *(Zugriffskontrolle)*,
4. zu gewährleisten, dass personenbezogene Daten bei der elektronischen Übertragung oder während ihres Transports oder ihrer Speicherung auf Datenträger nicht unbefugt gelesen, kopiert, verändert oder entfernt werden können, und dass überprüft und festgestellt werden kann, an welche Stellen eine Übermittlung personenbezogener Daten durch Einrichtungen zur Datenübertragung vorgesehen ist *(Weitergabekontrolle)*,
5. zu gewährleisten, dass nachträglich überprüft und festgestellt werden kann, ob und von wem personenbezogene Daten in Datenverarbeitungssysteme eingegeben, verändert oder entfernt worden sind *(Eingabekontrolle)*,
6. zu gewährleisten, dass personenbezogene Daten, die im Auftrag verarbeitet werden, nur entsprechend den Weisungen des Auftraggebers verarbeitet werden können *(Auftragskontrolle)*,
7. zu gewährleisten, dass personenbezogene Daten gegen zufällige Zerstörung oder Verlust geschützt sind *(Verfügbarkeitskontrolle)*,
8. zu gewährleisten, dass zu unterschiedlichen Zwecken erhobene Daten getrennt verarbeitet werden können.

> Diese „acht Gebote" sollten von den datenschutzrechtlich Verantwortlichen in der Allgemeinheit stets beachtet und in den betrieblichen Ablauf integriert werden.

2. Datenschutz durch Technik, Art. 25 DSGVO

Die Grundsätze des Datenschutzrechts inklusive der vorstehenden „acht Gebote" werden ergänzt bzw. konkretisiert durch die Pflicht, Datenschutz technisch von Anfang an in die unternehmerischen Vorgänge zu implementieren.

So ist z.B. nach dem sogenannten Grundsatz „Privacy by Design" sicherzustellen, dass bereits bei der Einführung von Datenverarbeitungssystemen oder der Gestaltung von Prozessen und bei der späteren Verarbeitung geeignete technische und organisatorische Maßnahmen, wie z.B. Pseudonymisierung von Daten, vorgesehen sind. Diese Maßnahmen müssen insbesondere dafür geeignet sein, dass die Datenschutzgrundsätze wie etwa der Grundsatz der Datenminimierung wirksam umgesetzt werden, um den Anforderungen der DSGVO zu genügen und um die Rechte der betroffenen Personen zu schützen.

Neben dem „Privacy by Design"-Grundsatz ist in der Praxis außerdem das Prinzip „Privacy by Default" (= datenschutzfreundliche Voreinstellungen) einzuhalten. Nach diesem Prinzip ist z.B. systemseitig sicherzustellen, dass personenbezogene Daten jederzeit gelöscht werden können. Insbesondere für Onlinedienste (z.B. Kontaktformulare, Webshops) ist das Prinzip „Privacy by Default" von herauszustellender Bedeutung.

Für die praktische Umsetzung heißt das Folgendes: Die Voreinstellungen in datenschutzverarbeitenden Systemen (z.B. in einem Kontaktformular) sind so auszugestalten, dass jeweils nur die Daten erhoben und gespeichert werden, die für den jeweiligen Verarbeitungszweck unbedingt erforderlich sind.

Unzulässig wäre nach diesem Prinzip etwa die Voreinstellung im Rahmen eines Kontaktformulars, mit der bereits eine Einwilligung zum Erhalt von Werbung vorangekreuzt wäre und der Betroffene das Kreuz erst entfernen müsste, wenn er keine Werbung will (unzulässiges Opt-out).

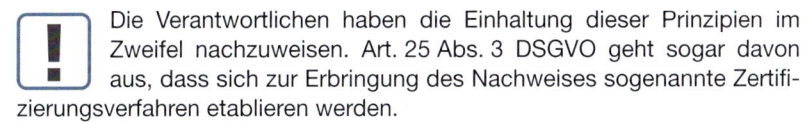

! Die Verantwortlichen haben die Einhaltung dieser Prinzipien im Zweifel nachzuweisen. Art. 25 Abs. 3 DSGVO geht sogar davon aus, dass sich zur Erbringung des Nachweises sogenannte Zertifizierungsverfahren etablieren werden.

3. Sicherheit der Datenverarbeitung, Art. 32 DSGVO

Art. 32 DSGVO verpflichtet den Verantwortlichen dazu, geeignete technische und organisatorische Maßnahmen in die unternehmerischen Abläufe zu implementieren, um ein risikoangemessenes Datenschutzniveau zu gewährleisten.

VII IT-Sicherheit und Datenschutz im Planungsbüro

> 💡 Eine 100%ige Sicherheit gibt es nicht. Gleichwohl müssen die Verantwortlichen den höchstmöglichen Schutz, der ihnen im Einzelfall zugemutet werden kann, ergreifen und entsprechende Anstrengungen in Kauf nehmen.

Zu den Schutzmaßnahmen gehören gemäß Art. 32 DSGVO insbesondere die folgenden (nicht abschließend):

1. Pseudonymisierung und Verschlüsselung von personenbezogenen Daten
2. Sicherstellung der IT-Sicherheit wie Vertraulichkeit, Integrität, Verfügbarkeit und Belastbarkeit der IT-Systeme
3. Sicherstellung, dass die Verfügbarkeit personenbezogener Daten und der Zugang zu ihnen bei einem Zwischenfall rasch wiederhergestellt werden kann
4. Einführung eines Verfahrens zur regelmäßigen Überprüfung, Bewertung und Evaluierung der Wirksamkeit der bestehenden technischen und organisatorischen Maßnahmen, einschließlich einer Risikoanalyse, und bei Erforderlichkeit der Ergreifung weiterer Maßnahmen
5. Sicherstellung, dass Mitarbeiter, die Zugang zu personenbezogenen Daten haben, diese nur weisungsgebunden, z.B. für ihre Aufgabenerfüllung, verarbeiten

> ❗ Die Verantwortlichen müssen die Maßnahmen entsprechend den Umständen des Einzelfalls mehr oder weniger umfangreich ausgestalten. Hier haben die Verantwortlichen insbesondere

1. den Stand der Technik,
2. die Kosten der Umsetzung,
3. die Art, den Umfang, die Umstände und die Zwecke der Verarbeitung sowie
4. die unterschiedlichen Eintrittswahrscheinlichkeiten und die Risiken für die Rechte und Freiheiten der Betroffenen abzuwägen, um ein dem Risiko angemessenes Schutzniveau sicherzustellen.

Es gilt insoweit der sogenannte Verhältnismäßigkeitsgrundsatz. Planungsbüros müssen die für den jeweiligen Einzelfall verhältnismäßig geeigneten Maßnahmen ergreifen, um ein angemessenes Datenschutzniveau zu erzielen, wobei durch die DSGVO die Einbeziehung des Stands der Technik neu hinzugekommen ist.

> ❗ Dies bedeutet aber nicht, dass nur solche Technik zum Einsatz kommen darf, die gerade neu entwickelt wurde. Vielmehr muss die jeweilige Maßnahme ihre Geeignetheit und Effektivität in der Praxis bewiesen haben.

Und zu guter Letzt: Bei allen Maßnahmen stets die Rechenschafts-/Nachweispflicht nicht vergessen!

VIII
Musterbriefe und Vorlagen: Ihre Zusatzmaterialien

VIII IT-Sicherheit und Datenschutz im Planungsbüro

Musterbriefe und Checklisten für Ihre tägliche Praxis

Datenschutz im Planungsbüro erfordert einiges an bürokratischem Aufwand, ist aber unerlässlich, wenn man nicht in die Haftungsfalle tappen möchte. Schützen Sie Ihr Büro effektiv vor Datenschutzfallen mit den Musterbriefen und praktischen Checklisten. So geht die Büroarbeit im Nu von der Hand:

https://www.weka.de/bi/
DL_1888_Checklisten_Muster.zip